JN224948

私が子どもだった頃、親にかけてほしかった言葉

水田結

SB Creative

はじめに

4000組の親子を見てきてわかった「本当にほしい言葉」

・子どもが癇癪を起こすとき
・子どもがなかなか寝ないとき
・子どもがウソをついたとき
・人に迷惑をかけてしまったとき……などなど。

これらは、子育てのなかでよくある「困りごと」のほんの一例です。

いま子育てに奮闘されている方も、かつて子育てを経験された方も、これらの場面に「あるある」「わかるわかる」と共感されるのではないでしょうか。

さて、これらの困った場面で、あなたはわが子にどんな言葉をかけますか？

はじめまして、子育てコミュニケーターの水田結《みずたゆい》と申します。ベビーマッサージの講師として活動を始めて16年。これまで4000組以上の親子に接し、「言葉」を使って「育てる人の心」をサポートしてきました。

本書では、私の講座を受けられたママたちのリアルな声をもとに、冒頭にあるような「子育ての困りごと」、「日々の悩み」、「生きていく上での葛藤」などを65のシチュエーションで挙げています。

私自身、二男三女の個性豊かな5人の子どもを育てる母として、育児に正解はないことは百も承知です。けれども、自分自身の育児と、これまで私の講座に参加された**4000組の親子と接してきてわかったことは、何が正解か分からない中でも、わが子が「本当にほしい」と求めている言葉は、「私が子どもだった頃、親にかけてほしかった言葉」にあるということ。**

子育てでは、〝子どもの心〟をまるで〝自分の心〟のように感じてしまうことが、たくさんあります。

〝自分の心〟だったら、なかったことにできた悲しみや小さな痛みも、「わが子の悲しみ」や「わが子の痛み」となると、なかったことにはできず、無視できなくなってしまう。なぜなら、あなた自身も、子どもの頃にまったく同じような感情を味わったことがあるから。

泣くのを我慢しているわが子は、泣くのを我慢した幼い私。
失敗して落ち込むわが子は、失敗して落ち込んだ子どもの頃の私。
子育ては、「私と子どもを満たす旅」です。子どもの心を満たすだけでなく、まずは幼い頃に気づかないふりをしてやり過ごした〝自分の心〟を満たしてあげる。そのチャンスをくれるのが、目の前のわが子です。**うつむいたあの日の私にもう一度出会えるのが、子育てという旅です。**

わが子に手渡す言葉を変えれば、あの日の私も癒されます。親も子どもも心から満たされます。「言葉のチカラ」はそれほど大きいものです。

私は講座の中で、特に「わが子へ本当に手渡したい、自分の思いに気づくこと」、「自分の思いを言葉に結びつけること」「言葉にした思いに向き合い、受け入れること」の

3つのワークを大事にしています。本書でも、「子育てでよくある65の困りごと」を通して、この3つのワークを「読みながら実践できる」よう著しました。

講座の中で「自分の思いに気づき、言葉にして、それに向き合い受け入れる」という3つのワークを体験したお母さん方からは、「初めて育児で幸せを感じる」「なりたかったママになれた」「本当にやりたかった子育てができた」……など、多くのお声をいただき、私自身もこの上ない喜びに満たされます。なぜなら、そんな喜びのメッセージをくださるお母さんたちが、講座を受けられる前は真逆の思いを持っているから。

「毎日怒りっぱなし。子育てがしんどい」、「子どもがかわいく思えない。上の子にイライラしてばかり」、「なりたいママになれない。先生、助けてください」……。

いつも笑顔で優しいお母さんでいたいと願いながら、そうできない自分。これらのメッセージを送ってくださるお母さん方の心が、すでにどれほど傷ついているか。そう文字にすることが、どれだけ苦しかったか。

ほとんどのお母さんたちは、子育ての悩みの原因を〝あなた（相手）〟ではなく、〝わたし（自分自身）〟にあると考える優しいお母さんたちです。ときに涙を流しながら打ち明けてくださる葛藤や迷いは、全てわが子への愛情からくるものです。

「子育てがしんどい」と自分を責めるのは、「子育てを心から楽しみたい」と願っているから。「わが子をかわいいと思えない」と葛藤するのは「わが子をかわいいと思いたい」と切実に願うから。「なりたいママになれない」と助けを求めるのは「こんなママでありたい」と目指すイメージがあるから。その葛藤や迷いの根っこはすべて「わが子への愛情」です。そんな自分の根っこにある「本当の思い」に気づけたら、それだけでもずいぶん気持ちはラクになります。**母であることに悩み、迷うあなたは、「ダメなお母さん」なのではなく、むしろ「愛情深いお母さん」なのです。**

多くのお母さん方は、子どもを「良い子」に育てようと、困りごとに直面したときに教えたり、諭したり、叱ったりして、「良いとされる」方向へ導こうとします。曰く「ウソをついてはいけない」「人に迷惑をかけてはいけない」「それくらいで泣くんじゃない」と。けれども、幼い日の私が本当にほしかったのは、そういう言葉でしょうか？**あの時、うつむいた小さな私は、何かを正してほしかったわけではなく、「そのままでいいよ」と丸ごと受け入れて、ただそばに寄り添ってほしかった。**

さあ、今こそ、あの日のうつむく私を助けに行きましょう。自分が満たされてはじめて、「なりたかったママ」や「やりたかった子育て」に出会えるはず。

あなたは、自分にどんな言葉をかけたいですか？
あなたは、今日という一日をどんな言葉に結びつけますか？

365日いろんな日があります。そのどんな一日にも、どんなあなたにも寄り添えるよう、なるべく多くのシチュエーションを挙げました。**この本のもくじを開いてみて、あなたが、今子育てで一番気になるところから読んでみてください。**

あなたらしく生きるためのヒントも、幸せに子育てをするためのヒントも、ここにある言葉から受け取っていただけますように。

目次

第2章 息苦しさを感じたときにかける言葉

第3章 思い通りにいかないときにかける言葉

第4章 自分を責めているときにかける言葉

第5章 行動できないときにかける言葉

第6章 悩んでいるときにかける言葉

第7章 自信が持てないときにかける言葉

第1章

我慢しているときにかける言葉

悲しいことがあったとき

#「悲しかったね。悲しみはなくそうとしなくていいんだよ」

悲しいことがあったとき、あなたはその感情とどのように向き合っていますか？「いつまでも悲しんでいたって仕方ない」と悲しみを感じる「期限」や、「こんなことで悲しんではいけない」と出来事に対する「サイズ」を見積もっては、悲しみをなかったことにしてしまう。何事もなかったような顔をすることも、忙しい日常の中に消し去ろうとすることも得意になってきたあなたへ。実は、「悲しみ」という感情は、あなたが「大切にしたいもの」や「あなたらしさ」に気づかせてくれる「大事なもの」です。

あなたから湧き出る感情に要らないものはありません。本来、起こる出来事や湧き起こる感情に「このくらい」とか「いつまで」というような基準は存在せず、それを決めつけているのは、自分の中にできた「ものさし」。そのものさしで測っては、悲しみが今自分の中にあるのに、それに蓋をして抑え込んでしまうのです。でも、「こんなもの持つべきではない」と行き場をなくした悲しみの感情は、一時的に追いやられるだけで、消え去るわけではありません。子どもの頃の悲しみが、今もあなたの胸を痛めることがあるように。

悲しみは、「悲しい」と感じることで癒えていきます。悲しみをありのままに感じきることが、自分で自分を癒す方法です。そのとき、感じることが辛いなら「またあとで」に取っておいても大丈夫。未来の自分に預けたり、信頼できる人に預けたりしましょう。私たちは「話して、放す」という手段も持っています。

幼い頃には、自分の悲しみを癒す術を誰もが持っていたはずです。感情が湧き出た瞬間に、それを声にして、涙にして、態度にして出しきるから、子どもはいつも元気いっぱい。

でも、いつからでしょう。感じ終える間もなく「いつまで悲しんでいるの」「そのくらいのこと気にしない」と、「癒す術」を失ってしまった大人から、止められたり、言い聞かせられたりして、自分の中の「ものさし」ができていくのです。自分自身の悲しみをどう扱っていいか分からないと、わが子の悲しみの感情も受け入れきれず、子どもの悲しみにも自分の悲しみにも、蓋をして「我慢」が「成長」だと思い込んでしまうこともあります。

ある日「もう泣かないの」と小さかったわが子に言い放ったときの私は、きゅっと胸が痛みました。「私が子育てで大切にしたいことは、我慢できるようになること？」と訴えてきたのは、小さな子どもの頃、ぎゅっとくちびるを嚙み締めて涙が溢れるのを我慢した日の私。我慢するよりも先に、自分の心の状態が分かることを大切にしたい。そして、その心の状態を言葉に結びつけられるようになることこそ、私が子どもたちに手渡したいものだと気づきました。それから、子どもたちに「物の名前」を教えるように「心の名前」も伝えていくことにしました。私が、やりたい子育ては、子どもの頃の私が教えてくれたものでした。

悲しみの感情は、「自分にとって大切なもの」が傷つけられたときの「心の痛み」。あなたの悲しみは、あなたにとって、何が大切だと教えてくれますか？悲しみから受け取れるあなたの宝物を掬い上げましょう。

身体が傷ついたときには、「痛い」と感じるだけでなく、その傷は目にも見えるから手当てをしようとします。しかし、目に見えない心の傷は、「悲しい」と痛みを感じても、そのままにしておかれることが多いのです。実際は、胸がぎゅっと締め付けられるように痛かったり、チクチクと身体のどこかも痛みを感じていたりするはず。身体に手を当てて、傷を手当てするように、心の痛みにも寄り添ってあげましょう。「悲しかったね」と感じたことをそのまま肯定し受け入れることで、悲しみ（心の傷）はだんだんと癒えていきます。その期限は、あなたの悲しみが和らぐまで。

「悲しみは、なくそうとしなくていいんだよ」、「感じていい感情なんだよ」と自分を安心させてあげましょう。

心が疲れてしまったとき

「毎日、がんばってるね。自分のことを大事にする時間をつくってもいいんだよ」

なんだか、気持ちが前向きになれず、心が疲れてしまってると感じたら。

しばらくの間、自分以外のことばかりに気を張り巡らせて、自分を気にかけてあげるのを忘れていたのかもしれません。

そんなときは、疲れた心とは反対方向にギアを入れて行動してみても、「こんなにがんばったのにうまくいかない」「しっかりやっているのに空回り」と、思うような結果が得られず、ますます気が沈んでしまう。

もし、今がそんなときなら、このページを開いたまま、本はテーブルに置いて、ふ〜っとゆっくり長く息を吐き出してみてください。ゆっくり長く吐ききったら、身体は自然と新しい空気を吸おうとします。ゆっくり吐き出すことだけに意識を集中して、あとはふわっと力を抜いて身体を自然に委ねましょう。ここ最近忘れていた自分の身体に意識を向けてあげましょう。「息」は、自分の心と書きます。無理してがんばっていることにも気づかないときは、ゆっくり息をすることさえ忘れています。

体の力が抜けていくほどに、「いつも力んでいた自分」、「ちょっと無理をしていた自分」に気づくはず。がんばっている自分に気づいたら「毎日、がんばってるね」と声に出して言葉をかけてあげてください。

あなたが、これまで当たり前のようにしてきたことは、決して当たり前のことではありません。

「当たり前にやっていること」こそ、すごいこと。

朝、カーテンを開けたのは誰？

朝ごはんの材料を冷蔵庫に用意していたのは誰？

食器を選んだのは誰？

昨夜も使ったその食器を洗ったのは誰？

洗濯をするときに洗剤がそこにあるのはなぜ？

子どもが袖を通そうとしているTシャツがきれいなのはなぜ？

そこにあるものは、必ず〝誰かのお陰様〟がある。あなたが当たり前にやっていることを、ぜひ一度見つめ直してみて。「私がやらなきゃ」と考えるまでもなく、あなたが当たり前にやっていることが、一日の中にどれだけあるでしょうか？

「やって当然」「できて当たり前」と思っていることにこそ、目を向けて。**毎日がんばっているあなたに気づいたら、「自分のことを大事にする時間をつくろう」と提案してあげましょう。**

あなたが好きな温かい飲み物を用意して、体の中をつたう感覚を味わえるくらいゆっくりと飲んでみましょう。何を感じますか？

ほっとする温もり？　甘み？　苦み？　爽快感？　どんな香りがしますか？

五感を通して感じる温もりや味、香りが、あなたに身体が感じることの喜びを取り戻してくれます。

お風呂に入ってじんわりと温まる感覚、ほっと緩まる感覚を味わうのも有効です。

身体を温めると心も温まっていき、身体と心が繋がっていることに気づくでしょう。心が疲れを知らせてくれたのも、身体を労《いたわ》るためかもしれません。

家族のため、明日のため、もっと遠い未来のためにも思考を張り巡らしている毎日。私たちの意識は、過去や未来に行ったり来たり、「今、この瞬間」をおろそかにしていることが多いのです。

それに引き換え、いつも「今、この瞬間」を生きているのが子どもです。

例えば、子どもが水たまりの中にポチャン！　と、足を突っ込んだシーンを想像してください。その音が楽しく心を刺激して、もう片方の足はもっと勢いよくポチャンッ！　やがて両足で大ジャンプ！　たくさんの水飛沫を立てて、お気に入りの服に跳ね返ってもおかまいなしです。

そんなとき、あなたは何を思っていますか？

私だったら、「ああ服が汚れる！　帰って洗濯しなきゃ」「靴がびしょびしょ！　洗うの大変。明日までに乾かないかも」「風邪をひいたらどうしよう」と、意識は、目の前の子どもではなく未来に向かうでしょう。

「あ〜！　この間も、ダメって言ったのに、また！」と意識が過去に向かうこともあるでしょう。

意識が未来や過去に向かうとき、その瞬間の楽しそうな子どもの顔を見ることができていません。その笑顔はいつまでもアルバムに残しておきたいほど、かけがえのない大事な瞬間なのに。子どもとの時間はリプレイはできず、「その時」にしか見ることができないものがたくさんあるのに。「本当に見たいもの」を見逃したまま、無情にも時は流れていきます。

子育ては、予期せぬことの連続。寝起きの寝室も、公園の砂場も、いつもの帰り道も、夕暮れのリビングも、家族で囲むダイニングも、日々「まさか」の展開が繰り広げられています。ため息をつきたくなることも一度や二度じゃありません。でも、その「まさか」こそ、子どもが与えてくれる忙しい親へのプレゼントだとしたら?

「まさか!」を目にした瞬間、明日のことや先々の予定でいっぱいだった意識が、「今、この時」に引き戻されます。「あぁ」とため息はつくものの、その場面、その状況、そのままを眺めてみると、子どもの表情や何気ない言葉は、私たち親に「今、この瞬間を味わい生きることの喜び」を教えてくれているよう。やがて、当たり前のようにあった日常の光景が、思い出の中でしか再生できなくなった頃、その「日常の光景」こそ自分の頬を緩ませる宝物だったのだと気づくんですよね。

そんな少し先の未来にいるあなたが、今のあなたに言葉を贈るとしたら、「もっとがんばれ」とは言わないはず。

「もう十分がんばってるよ」

子どもの頃、がんばりやのあなたが、お母さんにかけてほしかった言葉を聞くことはできなくても、未来のあなたから受け取ることができますよ。

イライラするとき

「一人でがんばらなくていいんだよ」

理由があってするイライラも、理由が分からずするイライラも、決して心地良いものではありません。「イライラ」という不快な感情が私たちに知らせてくれるもの、それは「一人でがんばることが当たり前になってるよ」というメッセージ。

古来、子育てとは集団でするものでした。核家族で子どもを育てる家庭が多くなったのは、ここ数十年のこと。まだ100年も経っていません。子どもを産み育てる母親の身体の仕組みは、まだまだ集団で子育てをする仕様のままとも言えるでしょう。それに加えて共働き世帯も増え、家での家事育児だけでなく仕事もこなし、体力的にも精神的にも「余裕がない」状況が生まれやすいのは至極当然のこと。

子育てにも家事にも仕事にも、そこには「やり甲斐」という喜びがあります。自分が担うすべてのことを完璧にしようと、やりこなすことが目的となってしまうと「やれなかった」とため息をつくことが増え、「できなかったことの数」を数えてしまう。良いお母さんになろうと、良い妻になろうとがんばっているのに、「ダメな自分」を感じては、更に自分を奮い立たせることで乗り越えようとしたり、自分ががんばればうまくいく、と知らぬ間に自分を追い詰めたりしてしまう。

「がんばること」が、解決に向かうと思い込んでしまうことも多いようです。

でもちょっと待って。「がんばったから、うまくいく」。それって、本当？

子ども時代の経験からは、「がんばったら、うまくいく」「がんばった分、成果がでる」というように、がんばりと結果が比例する方程式を学んだかもしれません。でも、親になった今、子どもが教えてくれる大切な人生の教訓は、「一人でがんばらなくていいんだよ」ということ。そして「一人のがんばりと結果は比例しない」ということ。

イライラは、「一人でがんばり過ぎている」というメッセージ。「一人で子育てしなくていいんだよ」という言葉のない古い時代から受け継がれるメッセージ。助けてもらっていい。手伝ってもらっていい。頼っていい。話を聞いてもらっていい。愚痴や弱音を吐いてもいい。

今はまだ、手を取り合ってくれる人があなたのそばにいないなら、あなたの子どもが出会わせてくれるご縁がきっとあります。今はまだ、そばにいる人とそんな関係が築けていないなら、それができる関係性を築いていく時間を、子どもがつくってくれます。

自分一人の足で立ち続けないで、人に寄りかかることができる力は、子どもがあなたに寄りかかったときに、子どもを丸ごと受け入れる力になるでしょう。

イライラは、怒りっぽいあなたの性格を表すものではありません。がんばり屋のあなたを表すもの。「一人で、がんばらなくていいんだよ」

少し自分に厳しくなっていたあなたに優しい声をかけてあげてくださいね。

怒りが込み上げるとき

「怒ってもいいんだよ。気持ちが落ち着いてから『どうして怒っていたのか』を考えよう」

これまで出会ってきたお母さんの多くが「怒るのは、良くないこと」という認識をお持ちでした。あなたはどうですか？

育児書などでは「怒るのではなく、叱るべき」とか、「怒らない育児」などという言葉もよく目にしますね。

しかし、時代や環境、世界各国の文化によって「良しとされる育児法」は変わるもの。それなのに、公共の場で泣き喚く子に手を焼く母親に対して、「最近の親は、子どもを怒れない」と非難したり、かと言って「ちゃんとしなさい！」と強めに怒れば、「怒らずに見守ることもできないのね」とSNSで批判されたり……。怒るのが正解？　怒らないのが正解？　なんとも子育てが難しい時代です。

かく言う私は、その人の「背景」によって、「怒ること」が正解にも、間違いにもなると考えています。「背景」とは、その人が抱える「その時の状況」や、「それまでの思い出」です。

多くのお母さんが、「怒るのは、良くないこと」という認識があるのは、それを子育ての知識として持っているからだけでなく、大好きなお母さんに怒られたら、子どもはどんな気持ちになるのか、幼い頃の自分自身が知っているから。誰しも幼い頃に怒られ、しゅんと下を向くような気持ちになったことがあるでしょう。それは、あなたの心の引き出しにしまったままの記憶かもしれませんが、経験によって知った感情を、大切なわが子に抱かせる自分に、どこか許せない気持ちが湧き起こる。そんな罪悪感からも「怒るのは、良くないこと」という認識は生まれます。

もちろん、思い出は人それぞれ。「あのとき真剣に怒ってくれたお陰で」と、怒ってくれた大人に対し、「感謝の思い」を抱いて今を生きる人もいるかもしれません。でも、それは、大人になってから気づけること。幼い子にとっては、ただただ怒られたという悲しい気持ちが残るだけなんですよね。

怒るって、どういうこと？　自分にとって「怒ること」をどう認識しているのか。それを気づかせてくれるのは、怒りの感情を素直にそのまま表している子どもを前にしたときです。

思い通りにいかず、怒っている子どもの姿を目の当たりにしたときに、あなたはどんな感情を抱きますか？

「怒るのは、良くないこと」と思い込んでいると、子どもがありのままに怒りを表す様子に「悪いこと」とジャッジしてしまいます。

でも怒りは感情の一つ。怒りが込み上げるのは、ごく自然なことです。それを無理に抑え込んでも、その感情は行き場をなくして溜まっていく一方です。だからと言って、怒りをそのままぶつけたり、ぶつけられたりするのも、決して好ましいコミュニケーションではありませんよね。

実は「怒り」は二次感情。怒りの前には、悲しみや不安、苦しさ、後悔、恐怖などの一次感情があり、「怒り」に到達するまでには、それなりの「エピソード（理由）」があります。だけど、私たちは、相手（子ども）が怒りに達するまでのエピソードがわからないどころか、自分自身が怒りに達するまでのエピソードにも気づいていないことが多いのです。自分の中の悲しみや不安をなかったことにしたまま日々をやり過ごし、相手の「それまで」も知ろうともせずに、「今、この怒っている瞬間」しか見ることができなかったりします。

今、どんなに大きな声で怒っていても。今、どんなに怖い顔をしていても。そこには、その人の中にだけある「それまでのエピソード（理由）」があります。

「怒ったらダメ」と、自分を見張り続けるより、「怒ってもいいんだよ。気持ちが落ち着いてから、どうして怒っていたのか、理由を考えよう」と、自分に言葉をかけてあ

げましょう。

許された怒りは、時間とともに大きなマグマのような怒りからだんだんと小さな灯火のようになっていき、「それまで」を照らせるようになっていきます。「本当は、あのとき悲しかった」「ずっと寂しかった」「私が我慢すればいいと思ってた」……。どうして怒っていたのか、そこには気づかぬままでいた本当の思いがあるはず。

怒っている自分をそのまま受け入れる。いつかのあなたが、怒りの前の寂しさや悲しさを知ってほしかったように、今はあなたがあなたにそれをしてあげる機会。あなたの怒りの前にあるのはどんな気持ち？　「これから」を考えるのは、それからでいいんだから。

甘えてくる子どもを抱きしめることができないとき

「あなたが悪いんじゃないよ。そこには理由があるんだよ」

私は、ベビーマッサージの講師として16年間「触れること」「抱きしめること」について伝えてきました。触れることは、身体的にも精神的にも良い影響があることは科学的にも分かっています。子どもとの触れあいについて身体心理学をもとに書かれた書籍『子供の「脳」は肌にある』（光文社新書）の著者である山口創《はじめ》先生には、私が主宰するピースフルコミュニケーション協会が伝えているベビーマッサージの監修をしていただきました。私自身の子育ても、「子どもの肌に触れること」に支えられてきました。

「触れることの大切さ」を伝えている私ですが、「子どもを抱きしめることができません」「子どもが甘えてきても、拒絶してしまう自分が嫌です」というご相談をいただくこともあります。「わが子に触れることができない」と悩むお母さんは、「子育てに向いてないかも」「こんな私、母親失格だよね」「愛情がないのかな」という不安や罪悪感を抱えて、その思いを誰にも言えずにいます。

いのちを授かりお腹の中で育むとき、つわりで辛い日々も、大きなお腹を抱えて思うように動けない時期も、その辛さをまるごと受け入れることができたのは、その子と会う日を楽しみにしていたから。ただただ、まだ見ぬわが子に「触れたい」「抱っこしたい」という一心で。

「触れることができない」と悩むのは、根底に「触れたい」という欲求があるからこそ。「触れられない」と悩むあなたは、実は「どうやったら愛しい気持ちで、自然にわが子を受け入れることができるのだろう」と、子育てについて真剣に考えている優しいお母さんなのです。**頭の中では分かっているのに、心がそこに追いつかないとき、も**

う自分を責めないで。そんなとき、自分自身にかけてほしい言葉があります。

「あなたが悪いんじゃないよ。そこには、理由があるんだよ」

抱きしめることができないとき、そこには、必ず理由があります。

・**子どもが泣いたり、怒ったり……ネガティブな感情を抱えているとき。**身体の距離が近ければ近いほど、まるで子どもの感情がそっくりそのまま伝染するかのように、イライラ、モヤモヤが募ります。

・**下に赤ちゃんが生まれたとき。**本能的に、新しいいのちを守ろうと（いのちの存続が難しい方が優先されるので）、上の子の甘えを受け入れ難くなることがあります。生まれたばかりのいのちを守り育むための女性の身体の仕組みにはそう簡単に抗えないもの。産後に限らず、生理前など、月経周期によってもホルモンの働きが変動する女性の身体は、「触れられたくない」と反応するのも自然な現象ともいえます。

・**体調が優れないとき。**睡眠不足が続くなど、身体の調子が悪いときに、抱きしめることにしんどさを感じます。

・**「抱きしめてほしかった」「もっと甘えさせてほしかった」と、幼い頃に叶わなかった欲求が、怒りや悲しみのまま残っているとき。**子どもの欲求をありのままに受け入れようとすることに、そうさせてもらえなかった不満から反抗心が芽生えることもあります。

・**触れること、触れられることにネガティブ（不快）な感情が結びついているとき。**触れる・触れられることを不快に感じることもあります。

このように、**抱きしめることができないのは、あなたの母性や愛情が足りないからでもなく、子育てに向いてないからでもない**のです。ただ単に、毎日やるべきことが多くて余裕がない、ということだってありますよね。何かが「ない」のではなく、子どもへの愛情が「ある」からこそ、なのです。

理由は「これ」と答えを一つに決めつけることはしなくても、「きっと何か理由があるんだな」と自分のための想像をしましょう。こうした葛藤を繰り返しながら、〝なりたかったお母さん〟にだんだんなっていく。今すぐ〝なりたかったお母さん〟にならなくても大丈夫。自分自身に優しい気持ちを向けてあげましょう。「触れられない」と悩むあなたは、「母親失格」どころか、「がんばっている私」、「いのちを守り育む私」なのだから。


子育てをしていると、幼い頃の自分に出会うことが何度もあります。

「あのとき、お母さんに抱きしめてほしかった」

「本当は、もっともっと甘えたかった」

そんな思いが大人になったあなたの中に残っているなら、幼い頃のあなたにも声をかけてあげましょう。

「あなたが悪いんじゃないよ。そこには、お母さんの理由があるんだよ」


抱きしめることができないときは、「ハイタッチをする」「目を合わせる」などのスキンシップで、その心を満たそうとすることができます。

愛情ホルモンであるオキシトシンは、触れられる子どもだけでなく、触れる親の側にも分泌され、癒しをもたらし、ストレスが和らぐ効果があることが分かっています。

子どもに与えていると感じる温もりは、触れる度に自分も受け取っているのです。

子どもが誰かに褒められたとき

「自分のことを、どう見てる？」

子どもが褒められたとき、その言葉をそのまま受け入れ、相手に感謝を伝えますか？それとも、「そんなことないです」と謙遜しますか？それによって分かるのが、自分で自分のことをどう思っているか。「自分への視点」です。

自分のことを肯定的に捉えることができていれば、わが子が褒められたときにも、純粋に肯定的に捉えることができます。逆も然り。

「そんなことない」とか「まだまだ」とか、褒め言葉に対して出てくる否定的な言葉は、自分自身に対してかけてきた言葉とも言えるのです。

私たちには、外に向けて発する「言葉」だけでなく、内に向かって発する「言葉」があります。内なる言葉をセルフトークともいいますが、人にかける言葉は気にしても、このセルフトークは気にかけていないことがほとんど。ある研究によると、1日約6万回も心の中でつぶやいているそう。こんなにも無数の言葉を自らにかけているのに、「私は私にどんな言葉をかけている？」と記憶を辿ろうとしても、それが分からないほど無意識に発しています。

生まれたときに言葉を持たなかった私たちが、今使えるようになった言葉は、いつかどこかで誰かから受け取ったもの。子どもの頃に何気なくかけられた言葉を、今もまだ自分の中で繰り返していませんか？　そして、それを知らず知らずのうちに、わが子にも渡そうとしているなら、「言葉」はいつからでも、今この瞬間からも選び直すことができます。

どんな言葉を自分自身に対してかけているか。それに気づかせてくれるのが、わが子が褒められたときに咄嗟に出てくる言葉。自分の一部のように感じているわが子が褒められたときに出てくる言葉は、あなたが自分にかけている言葉であり、自分にかけてきた言葉です。それは、「自分への視点」＝「セルフイメージをつくるもの」でもあります。

もし、あなたがあなたに対して、ネガティブなセルフイメージを持っていることに気づいたなら、その言葉が「本当のあなた」と結びつくものではないことを知っておきましょう。「本当のあなた」と結びつく言葉は、あなたがポジティブな感情を抱く言葉です。あなたの心がはずむ言葉が「本当のあなた」を教えてくれます。

セルフイメージは、私たちが「どんな子育てをするか？」「どう生きるか？」に大きく影響します。

例えば、あなたが、あなたのことを「もう十分がんばってる私」と捉えているか、「まだまだがんばらないといけない不十分な私」と捉えているかで、日々を歩む足取りは変わっていきます。

自分の人生を「航海」に例えるなら、セルフイメージは「船」。

いくら「どんな航海をしたいか？」と目的地を決めたり、計画を練ったりしても、「この船では、難しい」「この船は、まだまだ不十分なところがある」と捉えていたら、不安感が付き纏うはず。波の揺れの心地よさも、青い空の広さも、目に映る光景も楽しむ余裕はなさそうです。航海の計画も「無難に」とか「ほどほどに」と、今の船のままで安全に行ける範囲を考えては、本当に生きたい人生を諦めてしまいます。

あなたがまず最初に創るべきは、「どこに行きたいか？」という目的地への地図や、「どうやって進むか？」という計画の前に「船」。

「あなたがあなたをどう見るか」を、選ぶのです。

自分のことを認めたり褒めたりすることに、抵抗がある方もいらっしゃるかもしれませんが、その抵抗は今までの習慣が生むもの。変えようとするときに、出てくるのは当然です。抵抗しながらも、自分への褒め言葉にトライして、「あなただけの船」を創りましょう。

「毎日がんばっててえらいね」「今日も、素敵！」「それ、いいね!!」「今の私も最高！」「いつも、ありがとう」……。

言葉は魔法です。かぼちゃが馬車に変わるおとぎ話のように、あなたの「船」も、「言葉」によって、生きたい人生を生きるため、行きたい未来に進むためにぴったりの乗り物となるのです。

抵抗があったとしても、これを実践してほしい理由は、あなたが「あなたをどう見るか」は、「子どもをどう見るか」という子どもへのまなざしそのものだからです。

私たちが、受け取った言葉によってセルフイメージをつくってきたように、あなたが「子どもをどう見るか」「子どもに渡す言葉」も、その子のセルフイメージをつくっていきます。あなたも知らず知らずのうちに、わが子の船づくりをお手伝いしているのです。

子どもが褒められたときは、「私は私のことをどう見てる？」と振り返るきっかけにしてくださいね。

悔しいとき

「悔しがっていいのよ。悔しい気持ちは、挑戦するエネルギーになるんだから」

「一番が良い」

子どもを見ていると、幼い時期は「一番が好き」な子どもが多いように感じます。

「一番」が嬉しいのです。

単純に「一番が人気」というわけではありません。

負けることが大嫌い。個人差はありますが、勝ち負けのあるゲームだと知りながら始めたのに、負けそうになるとゲームを放棄しようとしたり、負けたと分かったら大泣きしたり。

教育界では、人と競うことや子どもに順位をつけることの良し悪しが議論されていますが、子どもには「勝ちたい」という欲求があり、負けると「悔しい」という感情があります。子どもが泣いたり、怒ったり、拗ねたり、落ち込んだりして、やり場のない悔しさを表すとき。幼いときと、少し大きくなってからではその表現の方法は、また違ってきますが、子どもが悔しがる姿を目の当たりにしたら、大人は「勝つことが全てじゃないのよ」「負けてもいいんだよ」と、結果がすべてではないことを伝え、「悔しい」という気持ちを曖昧にしようとすることはありませんか。

子どもに対してだけでなく、自分に対しても。「悔しい」と感じる気持ちを、なんだか認められず、なかったことにしてしまう。「悔しい気持ち」をどこかダメなものと思い込んでいませんか。

「悔しさ」＝「心の弱さ」と受け取りがちです。でも、本当は「悔しさ」は、「心の強さ」。悔しさを感じられる、ということは、負けたこと、劣っていること、その事実（結果）を受け入れ、そんな自分であることを認めるのが「悔しい」のです。これまでがんばってきたと思っている。本当は、もっとできると思っている。もっともっとやれる自分だと思っている。「悔しさ」とは、「自信」からくるものです。自分が持っている可能性を知っているのです。自信とは、過去の成功体験からだけで育まれるものでなく、「未来の自分はもっとできるようになる」という未来からの影響も受けています。

目の前の好ましくない結果に落ち込むのは、自分を信じる気持ち、「自信」がしぼむから。ゴム風船の中に入っている空気が「自信」だとしたら、挑戦したときに思うような結果が得られなかったとしても、その風船に穴が空いてパチンと割れてしまうわけではありません。風船は、ぎゅっと押され圧がかかり一時的に凹んだ状態になるかもしれません。でも、最初から風船の中に空気が入っていなければ凹むこともないでしょう。

自信とは「望む未来を描く力」「持っている可能性を信じる力」だと、私は思います。

幼い子ほど大きな声を張り上げて泣きわめいたり、一人では持ちきれないほどの感情を抱え、親に八つ当たりしたりします。幼い子たちは、自分の持っている可能性を信じることができ、楽しい未来を描きながら「希望」に向かって生きているんですよね。

大きくなってくると、悔しさを表さないだけで（自分の中で心の器が育っているということもありますが）、先に「望まない未来」を想像することで、自分の心を守ろうともします。「望まない未来」を想像しながら生きていると、自信のゴム風船は小さくちいさくなるから、落ち込むような結果になってもダメージは少ないのです。

「望む未来」を想像しながら生きている子は、自信のゴム風船がいつもぱんぱんに大きく膨らんでいます。その分、望ましい結果が得られなかった場合は、凹みも大きいのです。

でも、凹んだ部分は、少し時間が経てば、また膨らんでいきます。「悔しさがバネになる」と言いますが、また挑戦するときのエネルギーになるのです。私たちは、自分の心に素直でいれば、後ろ（過去）を向く気持ちも、自然と前を向けるようになっているのです。

だから、「悔しい」と感じられることがあるくらい、夢を抱いていいんです。未来を描いていいんです。大人である私たちが、自分の人生を真剣に生きていると、自分が生きる毎日にいつもまっすぐ一生懸命な子どもたちの「悔しい」にも、子どもの頃の自分にも「分かるよ」「悔しいよね」と言ってあげられます。

子どもにショックな言葉を言われたとき

「本当は、伝えたいことがあるんだよね」

「親の心、子知らず」という言葉がありますが、私が子育てをする中で感じてきたのは「子の心、親知らず」ということ。親になると、なんだか子どもの心までも分かっているような気になってしまうことがあります。特に、お喋りができるような年齢になってくると、全てのことを言葉にできている、と錯覚してしまいます。

しかし、私たち大人も、相手や状況に応じて本音が言えないこともあります。自分の中から湧き出る感情をどう言葉に結びつければ良いのか分からず、言葉ではなく態度や行動で、相手に示すことさえあります。子どもなら、なおさら「本当の気持ち」をどう言葉にしたら良いのか分からないどころか、どうしてこんなに胸がザワザワするのか、どうしてこんなに胸がドキドキするのかも分かりません。不安な気持ち、恥ずかしい気持ち、寂しい気持ち、悔しい気持ち……小さな身体から今にも溢れ出しそうなその気持ちの原因がなんなのか、「何がしたくて」「どうしてほしくて」この気持ちが湧き出ているのかも分かっていません。

「ママ、嫌い！」「ママが悪い！」「ママ、あっち行って！」「ママ、ぜんぜん違う！」

そんな言葉で、ぶつけてくるのは、自分でもどうしたら良いのか扱いようもない気持ちがあるから。子どもは往々にして、自分の思いとは「反対」の言葉をぶつけることで、自分でも自覚しきれないもどかしい「本当の気持ち」を分かってもらおうとします。

「ママ、嫌い！」の反対の気持ちは、「ママが好きだから」

「ママが悪い！」の反対の気持ちは、「私が悪いんだ……」

「ママ、あっち行って！」の反対の気持ちは、「ママ、私の心のそばにいてほしかった」

「ママ、ぜんぜん違う！」の反対の気持ちは、「ママには、分かってほしい」

親がショックを受けそうな言葉ほど、そこには、本当の気持ちが隠れているのです。

あなたも、本心ではない言葉を言ってしまったことはありませんか？

もしあれば、それは、あなたにとってどんな人に対してでしたか？

きっと、あなたにとって「信頼できる人」「安心できる人」であったはず。

本当に嫌いな人に、「嫌い！」だなんて面と向かってぶつけることはありません。

苦手な上司と休日のカフェで遭遇したとき「あっち行って！」とは口が裂けても言えません。

嫌いな人や苦手な人には、絶対に放つことができない言葉なのに、大好きで大切な存在にはぶつけてしまう……なんて、よく考えると本当は止めたいことですよね。

でも、止められない……。そんなときこそ、本当の思いに気づくとき。

「もう知らない！」と言ってしまうときに「分かってほしい」という気持ちがあるように。気持ちが高ぶれば高ぶるほど、素直に言葉に表せないことが大人にもあります。


ショックな言葉をぶつけられたときにこそ、そのもとにある思いに気づけるとき。

「本当は、伝えたいことがあるんだよね」と、目の前の子どもに伝えてあげられたら良いのですが、ショックな言葉をぶつけられたその瞬間に、相手を思いやろうとするのは簡単なことではありません。親なんだから自分の気持ちより子どもの気持ちを思いやるのは当たり前？

そんなことはありません。お母さんも、練習期間があっていい。初めて、お母さんになったのだから。5歳の子のお母さんになるのも初めて。10歳の子のお母さんになるのも初めて。15歳の子のお母さんだって。

だから、この言葉をかけてほしいのは、あなた自身です。悲しみや心配、孤独感で気持ちが高ぶるとき、思ってもいない言葉、心無い言葉で大切な人を傷つけてしまいそうになるときにこそ「本当は、伝えたいことがあるんだよね」って、自分に言葉をかけてあげてください。

あなたが、あなたにかけてあげた言葉が、一雫、一雫、あなたの心に溜まっていったとき、自然と溢れ出て相手に渡せるようにもなっていきます。

もし、あなたの思い出の中に、あなたの大好きな人の心無い言葉で傷ついた場面があるなら、それも、きっとその人の本心ではなかったはず。本心を知る由はないけれど、傷ついた言葉がまだあなたの中で聞こえてくるなら「本当に渡したかった言葉は別にあったのだ」と、胸をきゅっと締め付ける言葉はそのまま受け取らなくていいこと、持ったままでいなくてもいいものだと知っていてください ね。

言葉は、言い放った人のもの。受け取りたくない言葉は、受け取らなくてもいいのです。

子どもが親の気持ちをまったくわかってくれないとき

「それって、本当？　そうするべき？」

「こんなに真剣に伝えているのに、分かってくれない」「何度も言っているのに、また同じことの繰り返し」……。子育てをしていると、そんな場面に何度も出くわすことがあります。

「一度言ったら、伝わる」「言葉にしたら、理解してくれる」なら、子育ての苦労はあまりないのかもしれません（子育てだけでなく、パートナーとの関係や職場での人間関係においても抱えやすい課題かもしれません）。

分かってくれないとき「どうしたら伝わるんだろう……」と、「自分の伝え方が悪いのでは？」と考えてみることがあるかもしれません。私もそうでした。コミュニケー

ションについて長く学んできたこともあり、
・Ｉメッセージで気持ちを伝える
・指示や命令（ＹＯＵメッセージ）で伝えない
・視覚を使って伝える
・表情を変える
・肯定語（そのままイメージできる言葉・行動できる言葉）で伝える
・過去のことではなく未来のことを伝える

ということを、わが子の子育てでも実践。もちろん、その結果「伝えたいこと」が伝わることも、分かり合えることもありました。伝わる、分かり合える喜びを知る反面「どうして分かってくれないの」と伝わらない悲しみは、苛立ちに変わっていくこともありました。

でも、もう何度目かのお決まりのフレーズを繰り返しているとき、はっとしたのです。**「どうして分かってくれないの？」と思うことほど、自分にとって大切にしたいこと。本当に大切なこと。本当に子どもに手渡したいものは「何度も伝えるチャンスが**

ある」ということに気づいたのです。

本当に大切なことは、一度ではなく、何度も何度も伝える必要があるからこそ、その機会を受け取っている、という考え方を持ったとき「問題だ！」と思っていたことが、「チャンス（機会）」になりました。

今の目の前の子どもの態度や言動を「これまでの子育ての結果」と捉えてしまうと、親も子も辛いもの。あなたの子育ては今日もまだ途中。長い長い子育ての通過点でしかなく、これからの未来にとっては「良い機会」となる伏線にだってなりうるのです。

そうした考え方を、新しい視点として取り入れてみても、「でも……」と不満や不安が湧き出るとき、あなたのまなざしは自分に向かってはいませんか？　そんなときこそ、あなたのそのまなざしを向けてほしい人がいます。

それは、目の前の子どもです。「私の気持ちを分かってほしい」と自分の気持ちでいっぱいいっぱいになっているとき、子どもが「どんな気持ちでいるか」を見ることはできません。「分かってほしい」と思うときほど、分かろうとする。「理解してほしい」

と思うときほど、理解しようとする。目に映る態度や、耳から入る言葉だけで、その子を判断しようとしてしまうときがありますが、「気持ち」は目に見えないもの。耳から聞こえないもの。

いっぱいいっぱいの心を、その子の心にそっと傾けるようにすると、心に余白（スペース）が生まれます。

「この子は、これが嫌いなんだ」「今日、この子はいっぱいがんばったんだね」と、分かってあげることができたとき、自分の中にある「分かってほしい」という気持ちは、静かになっていきます。そうなったとき、子どもは親の気持ちを聞き入れようとしてくれます。子どもの心にもスペースができたから。

子どもの頃にも「ねぇお母さん、私の気持ちを分かってよ」「お父さん、どうして分かってくれないの？」と、分かってもらえないことの悲しみを抱いたことはないでしょうか？

親の気持ちを察して、選択を変えたり、大人の不機嫌な態度によって、行動を選んだりしたことが誰しも少なからずあるはず。そうすることで、親を笑顔にできた経験があれば、「子どもは親の言うことを聞くべき」という考え方が生まれることがあります。

でも、あなたが望んでいるわが子の姿は本当にそういうものでしょうか？

「こうすべき」と思い込んでいることに、子どもがそれとは違う態度を見せるとき親は不満が湧き出るもの。そんなときこそ、自分が当たり前に持っている「考え方」を「それって本当？」「本当にそうするべき？」と疑ってみてください。

自分の経験から生まれた「考え方」を書き換えるきっかけをくれるのが、子どもの存在。本来のあなたらしさと出会わせてくれます。

あなたが子どもに手渡したいものは、あなたがあなたの親から受け取ったものとは、別のものでもいいのです。

素直になれなかったとき

「人に素直になれなくても、自分に正直でいられたらいいね」

「こんなふうに言いたいわけじゃなかったのに」と後悔したり、「手伝ってほしい」とお願いしたいのに一人でがんばり続けたり、全然大丈夫じゃないのに「大丈夫」って平気なふりをしたり。

言いたい言葉は別にあるのに、思っていることは別にあるのに。そのままを伝えられず素直になれないとき。なんだかモヤモヤ嫌な気持ち。

素直になれない自分に「嫌な気持ち」が教えてくれるのは、意識のベクトル。そのときの意識がどこを向いているかというと、自分以外の「誰か」。自分に向いていないのです。

「できないって思われたくない」「弱いって見られたくない」「どうせ分かってもらえない」と、人からどう思われるか、人からどう見られるか、人から何と言われるか、と自分の目ではなく他者の目を通して自分を見ようとしています。

そこにいるのは、いつかの「分かってもらえなかったあなた」。

好きでやりたいと言ったことを「あなたには無理よ」と言われたり、興味があって知りたいと言ったことを「まだ早い」と諭されたり、もう十分がんばっているのに「もっとがんばりなさい」と言われたり、手伝ってほしかったのに「もう自分一人でできるでしょ」と突き放されたり……。分かってもらえず傷ついた経験は、「傷つかないための手段」を武器にして自分を守ろうとします。

素直になれない頑なな自分に気づいたときは、「自分を守ろうとしている優しさ」を知るとき。

そのあとで、知る必要があるのは「自分の思い」。

「本当は、どうしたい？」

「どうなることがうれしい？」

自分に問いを投げかけて出てくる答えが、あなたの思い。

「自分の思い」に意識を向けるとき、「人にどう思われるか」「人からどう見られるか」「人に何と言われるか」に意識を向けることはできません。

「人に対して素直になろう」「どんなときも素直でいよう」と努力する必要はありませんが、こうして、「質問」によって、自然と意識のベクトルは変えられるのです。私たちは、同時に2つ以上の方向を見ることはできません。


「分かってもらえなかった悲しみ」は、「分かってもらえる喜び」を教えてくれます。人に素直になれないときも、「自分の思い」は分かっていてあげよう。自分には、正直でいられたらいいいね。

第 2 章

息苦しさを感じたときにかける言葉

育児のアドバイスを受け取ったとき

「愛情をどう渡すかの方法は、自分で選んでいけるよ」

赤ちゃんがおぎゃーと生まれた瞬間に始まる子育て。でも、本当はそれより前、お腹の中でいのちが芽生えたときから子育ては始まっています。

「小さないのちが健やかに育まれますように」「どうかどうか無事に生まれてきますように」と願い、それまでとはすることや行く場所、食べるものや着るものまで一変します。「どっちでもいい」「どうでもいい」としていたことにも、自分なりの「こうしていこう」が芽生えていきます。

大切ないのちを育むとき、同じようにそのいのちを「大切だ」と感じている人が、周囲にも現れます。大切に思うあまり「こっちの方がいいんじゃない？」「それはやめておいた方がいいわよ」と、良かれと思ってアドバイスをします。

それは、あなたの「こうしていこう」とは違うことだってあるでしょう。人生や子育ての先輩たちからのアドバイスが、指摘や批難だと感じてしまうことがあります。

それは、自分の子育てに対して「これでいいのか？」「これで合っているのか!?」と不安や迷いをいっぱい抱えているから。

オムツのメーカーもミルクのメーカーもたくさんあるし、紙オムツに布オムツ、母乳に粉ミルクに液体ミルク、手作り離乳食にベビーフード……。たくさんの選択肢から選ばないといけないものがたくさんある。授乳するタイミング、オムツを変えるタイミング、赤ちゃんが眠るタイミング、成長するタイミング、自分では選べないタイミングがたくさんあります。仕事をするのかしないのか、子どもを預けるのか預けないのか、預けるなら保育園か幼稚園かこども園か。環境を選ばないといけないこともたくさんある。どこまでが愛情でどこからが甘やかしになり、どこまでが見守ることになってどこからが放任になって、どこまでがしつけになってどこからが行き過ぎたしつけになるのか、境界線があやふやなものもたくさんあります。

そんな中、自分なりに考えて選ぶこと、夫婦で考えて決めること、自分たちにとっての今の最善であろうその答えに、例えばあなたのお母さんから別の答えを差し出されたら、「私、間違っているのかな……」と不安になって、迷いが生じてしまうでしょう。

もちろん、「そうだな」と思えることは取り入れたら良いけれど、そうとは思えないことは選ばなくていい。あなたの思いや夫婦の思いを大切にしていいんです。でも、お母さんの考えより、自分たちの考えを選ぶことで、ときにあなたは苦しい思いをするかもしれません。

なぜなら、あなたがあなたのお母さんに抱く愛はとても大きなものだから。親が子どもを思う以上に、子どもは親のことを思っています。「いや、そんなことない」と思う方も、そんなことないと思いながら、その胸はきゅっと悲しくなりませんか？

子どもって、幼いときもそうですが、自分の思いよりもお母さんの思いを大切にしようとするもの。だから、お母さんの思い通りになれない自分にがっかりするのです。そんなこと、親は知らないことの方が多いでしょう。自分の愛しか見えていないこともあるでしょう。でも、あなたの心に耳を澄ませてみて。本当は、いつもお母さんに喜んでもらえる自分で何かを選ぼうとしていたり、期待されている人生を歩もうとしたり。「親に認めてもらうための人生」「親が安心するための人生」を選んでいることだってあるんですよね。親が近くにいても、いなくても。

あなたがあなたの思いを大切にすること、あなたの家族を大切に生きていくこと、それは決して、親を裏切る行為ではありません。

もしあなただったら、お子さんに、自分の人生を、何を基準に選択して歩んでほしいですか？

「私」や「私たち」を軸にして物事を考え、選ぶタイミングは今です。

「アドバイス」という一種の愛情表現を「ありがとう」と受け取ったあとは、あなたの中で、「でも、私は……」と、自分に正直な選択をしてもいいのです。

時の流れや世の中の移り変わりと共に、「そのときの正解」というのは変わっていくものです。私たちの親世代や祖父母世代が「間違っていた」ということではなく、私たちの親も祖父母もその前も、その時代の中でその時々の自分なりの最適解を見つけながら生きてきたはず。中には、今の時代にはそぐわない考え方もあったかもしれませんが、その「考え方」を選択したお陰で、今、私たちはここにいます。今でも反発したくなるくらい、受け入れ難いものを押し付けられたことのある方も、そんな経験があるからこそ持てる考え方があるはず。

アドバイスは、愛情があるが故のことですが、それを受け取るか受け取らないかも、わが子へ愛情をどう渡すかも、すべて自分で選んでいけます。

パートナーと子育ての方針が合わないとき

「どう在りたいか、どう生きたいか、自分で決めていいんだよ」

「子どもが転んで泣いているときに、抱きかかえて寄り添ってあげたいのに、主人は『そのくらいで泣くな』と子どもが一人で立ち上がるまで待っています」

これは、あるお母さんから以前いただいたご相談です。このように、子どもへの対応や子育ての方針が異なることは、よくある相談の一つです。夫婦の考え方の違いは、夫婦喧嘩の原因にもなりかねません。夫婦間だけでなく、親や義両親との方針の違いから、仲違いすることも。

夫婦であっても、生まれ育った環境、辿ってきた経験が違うのだから、考え方や価値観が違うのも当然。その上、男女で担う役割も違うもの。自分とは違う「考え方」や「やり方」に違和感を覚えつつも、その場はなんとなくやり過ごせても、それは次第に不満として募り、いずれ「こっちの方が合ってる！」「そっちが間違っている」と正しさの主張のしあいでケンカに……。パートナーとの意見の食い違い、特に子育てのこととなると解決へと向かうのは難しいものです。

それでも、大切なわが子が「幸せに育ってほしい」という願いは、父も母も同じであるはず。

お母さんもお父さんも、「自分の中の正しさ」は一旦脇に置いて、「わが子へ願うこと」＝「子育てのゴール」について、対話してみませんか？　ケンカをするよりミーティング。ノートや紙を用意して、書き出してみましょう。

好きな飲み物やおやつも用意して、〝良い気分〟で始めましょう。

お子さんが、20歳になった姿を思い浮かべてみてください。
どんな大人に育っていてほしいですか？
どんな力を身につけていてほしいですか？

□
□
□
□
□

書き出したことを、眺めてみましょう。

どうして、書き出したような大人に成長してほしいのでしょうか？

きっと、それも全て「自分の人生を幸せに歩んでほしいから」ですよね。

どんな願いや期待も、その根にある思いは同じであることを再確認しましょう。

パートナーにとっての幸せな生き方や在り方を知る機会にもなります。やり方（手段）が違っていただけで、価値観は同じであるという発見もあるかもしれません。


それにしても、「幸せ」ってなんでしょう？

あなたにとっての幸せとは、なんですか？

あなたはどんなときに幸せを感じますか？

そうなんです。幸せって形のないもの。幸せとは、「感じることでしか生まれないもの」。子どもに、「幸せ」を形にして手渡すことはできません。私たち親ができることは、「幸せを感じる心」「幸せに気づく力」がどういうものなのか、自分の生き方を通して見せることだけ。

先ほど、書き出した「20歳になった子どもに願うこと」は、あなたにとっての幸せな在り方や、生き方です。
その願いを子どもや未来に託すより、自分がそう在ろうとすること、自分が幸せに生きることを引き受けてみませんか？

「幸せは、形のないもの」とはいえ、少し前の世代までは「幸せとは」と考えたときに、「世間一般の常識」「社会の中の共通認識」としてすぐに思い浮かぶものでもありました。例えば、「高学歴で、一流企業に勤めること」「結婚、子育て（家族を持つこと）」「マイホーム、マイカーを持つこと」というように。
だけど、たくさんの価値観が多様化する現代では、親になることを選択する人たちもいれば、親になるという選択をしない人も増え、みんなが同じような幸せを追い求めるのではなく、一人ひとりが自分にとっての幸せを追求するようになりました。

「子どもが転んで泣いているときに、抱きかかえて寄り添ってあげたいのに、主人は『そのくらいで泣くな』と子どもが一人で立ち上がるまで待っています」というご相談についても、どちらかの関わりだけがその子にとっての幸せを招くわけではありません。

転んでけがをしたとき、痛みと悲しみだけでなく、なんだか恥ずかしい気持ちだってあるかもしれません。そんなとき、身体も気持ちも預けられる人がいたら、とっても安心しますよね。身体に触れられて体感する「安心感」は「大丈夫」という気持ちに変わっていきます。そして、それは、いつか大切な人が落ち込んでいるときに寄り添うことのできる優しい気持ちにまで育っていくかもしれません。差し伸べられた手は、いつかほかの誰かに差し伸べることができる手に育っていきます。

一方、「そのくらいで泣くな」という言葉で育めるものもあるはずです。長い人生の中では、苦しいときにグッと堪えること、じっと耐えることが必要な場面がきっと出てくるでしょう。でも、それを乗り越えることができるのも、「この時間はずっとは続かない」「一時的な我慢だ」と分かっているからこそ。そしてまた、その我慢から自力で立ち上がれたとき、それが自分への大きな自信になります。

「私がいるから大丈夫」と寄り添うことも、「あなたなら大丈夫」と信じて待つことも、このどちらかが「正解」ということはありません。子育てには、「こうしたら、こうなる」という方程式はありません。先ほど、例に出したのも「可能性」の一例です。

親がいろんな形で手を差し伸べても、そこから「どう育ちたいか」を決めるのは、子ども自身。

夫婦で差し出す手段が異なっても、子どもにとっては、在りたい自分の選択肢が増えるだけのこと。夫婦が同じ意見のもと、同じ手を差し伸べられることは確かに一つの喜びではありますが、差し出す手が違っていてもいいのです。

あなたは、子どもの頃、どんな大人になりたかった？　どんなことを夢見てた？

あなたも、「どう在りたいか」「どう生きたいか」は、自分で決めていいのです。

「自分にとっての幸せ」って、正解がないだけに方向を見失ってしまいそうになります。でも、まずはどうぞあなた自身が、親の理想の子を生きようとするのではなく、社会に認められる人になろうとするのではなく、あなたが心から喜ぶ人生を選んでくださいね。

お母さんとお父さん自身が、**自分の人生を幸せに生きようとする姿勢が、子どもが「自分にとっての幸せ」に向かおうとする指針になるはずです。**

予定が入っているときに、子どもが体調を崩すとき

「弱い自分でいられるときは、強くなろうとしなくていいとき。そんな『時』が、人には必要」

大切な約束や、大事な仕事。「今日は」とママが意気込んでいる日に限って、子どもが体調を崩すことがあります。

ベビーマッサージ教室に通ってくださったお母さん方の多くは、お子さんの1歳のお誕生日に仕事復帰。ところが、その復帰当日に「子どもが熱を出した」という悲劇

に見舞われた方は一人や二人ではありません。

ママと子どもには、目には見えない不思議なつながりがあるようです。子どもは「ママのがんばりどき」を狙ったかのように腹痛を訴えたり、「やっとお休み」というタイミングで発熱したり。私にも、そんな「まさか⁉」のピンチが幾度となくありました。

私が、ベビーマッサージなど、ママの〝育自〟（自分育ての意）サポートの仕事を始めたのは、一番上の娘が1歳になった頃。どこかに勤務するようなスタイルではなかったけれど、講師という立場上、私の代わりは利かない仕事です。結婚を機に、地元から離れ県外へ引っ越していたこともあり、そばに頼れる人はいません。

そして、当時、子どもが体調を崩したときの私たち夫婦の考え方は、話し合いをしたわけでもないのに、「看病は母親の役目」でした。子どもが登園（登校）できなかったら、「仕事を休むのは母親」。そうした私たち夫婦の考え方は、互いの両親の働き方や関係性から、当然のことと受け継いだものでした。そしてその考え方を疑うこともありませんでした。

頼る人もなく、代わりの利かない仕事で休むこともできないということは、「子どもの体調を崩させてはいけない」ということ。私はいつも、どこか張りつめていました。長期休みに実家に帰省したときは、「私以外に子どもを見る人がいるから大丈夫」という安心感のせいか、毎回必ず発熱。実家での身体の不調は、「今なら体調を崩してもいいんだよ、しっかり休んでいいんだよ」という心身からのメッセージだったように思います。

それでも、また自宅に戻れば、自分でも気づかぬ緊張感に満ちた日々に戻ります。3人目を出産したあと、生後3カ月ほどで仕事復帰し、3番目の娘を連れて仕事をしていました。ベビーマッサージという仕事の特性から、娘に触れるコミュニケーションを、実際にママたちに見ていただける機会ともなり、喜んでいただいていました。やがて、喜んでいただけることが私のやり甲斐となり、子育て以外に楽しみを持てたことで私の心に余裕が生まれ、巡りめぐって、また子育ての楽しみや喜びを感じられるようにもなりました。

ある日、仕事が終わり、家に帰る途中突然気持ちが悪くなりました。みるみる具合が悪くなり、どうにか運転して帰り、娘を抱っこして家に入り、そのままお昼寝させせるのと同時に私も眠りにつきました。そのとき夢を見ました。

私は、実家の2階の部屋で眠っていました。出かけていた父と母が「ただいま」と玄関を開けて帰ってきました。「もう、お父さんとお母さんが帰ってきたから、大丈夫よ」そう言ってくれて。ベッドで寝ていた私は「ああ、もう大丈夫なんだ」とほっと安心しました。優しく温かい夢でした。

しばらくして目を覚ました私は、涙を流していました。現実は、ベッドに私と娘の二人だけ。もうすぐ上の二人の子どもも幼稚園に迎えに行かねばなりません。

「あぁ、私はお母さん。もうお母さんなんだから、しっかりしなきゃ。ここに甘えられる場所はない。父と母が助けてくれるのはもう夢の中だけのことなんだ」、そんな現実を前に涙が溢れていました。


大切な予定が入っているときに、子どもが体調を崩したら「どうして今日に限って」そんな気持ちが湧き出ることもあるでしょう。

でも、そんなときは、「自分一人がどうにかしなければならない」と思っていませんか。そして、誰かに迷惑をかけてしまうことを良くないことだとも。手伝ってもらったり、助けてもらったり、約束をキャンセルしたりすることは、あなたの胸を罪悪感でいっぱいにしてしまうかもしれません。その上、子どものことを一番に考えたいのに、仕事の算段ばかりしている自分。子どもの体調を心配する気持ちより、職場に迷惑をかけることの後ろめたさを感じている自分に、「母としての自分」はため息をつくでしょう。

「お母さん」という一つの役割だけでなく、「職場の同僚」「妻」「娘」「ご近所さん」と、いろいろな役割を担うあなた。それぞれの立場で、いろいろな気持ちがあるのは当然。「心配」も「不安」も「罪悪感」も「感謝」も出てくるものは、どれも本当の気持ち。

でもね、実は「安心して体調を崩せる」って、幸せなことなのかもしれません。もちろん、「体調を崩す」ことは良いことではありません。子どもが辛く、しんどい思いをしていると、代わってあげたいと思います。今この瞬間も、病と闘っている人がいると思うと、この言葉は適切ではないかもしれませんが、「弱い自分でいられるときや、強くなろうとしなくていいとき。そんな『時』が、人には必要」。

いろんな気持ちが湧き起こって葛藤を抱えながらも過ごす温かい時間は、きっといくつになっても、その胸に残るでしょう。

あなたにも、そんな温かな記憶が残っていますか？

「看病は母親がする」「仕事を休むのは母親」という私たち夫婦に根付いていた考え方は、いつの間にか変化してきました。お願いせずとも、「俺が休むよ」と初めて夫が言ってくれたとき、仕事に行けることが嬉しいんじゃなくて、「二人の子ども」「二人で子育てできている」という実感と心強さに、ほっとしました。何かあったときに、私以外に子どもを守ってくれる存在がいる、というのは大きな安心感です。

私たちオリジナルの「家族のカタチ」は、こうして、いろんな葛藤を味わいながら変化してきました。**最初から完璧なバランスを取れる夫婦はいません。右に傾いたり、左に傾いたりしながら、それぞれの「ちょうどいい」が見つかっていきます。**

家族が置かれる環境はそれぞれ。おじいちゃんおばあちゃんの家が近く、助けを得られる環境の方もいるでしょう。働かないという選択をする方もいるでしょう。職場環境が整っていて、お休みに理解ある上司や同僚に支えられている方もいるでしょう。**どんな環境も、どの家族も、あなたが身を置く環境でしかできない経験と、あなたにしか分からない感情があります。**

どうか、一人で気負い過ぎずに、甘え上手になってくださいね。夢を見て涙した私は、甘えることができていなかったから。

自分でできることを「ママやって」と甘えてくるとき

「一人でできないことがあっていいんだよ。一人ではがんばれないときがあっていいんだよ」

もう3歳。まだ3歳。もう5歳。まだ5歳。もう10歳。まだ10歳。事実は年齢だけ。でも、そこにどんな言葉がつくかで、私たち親の心は変わってくるもの。

「もう3歳」と子どもを見ているとき、もうずいぶん大きくなったように感じます。もう3歳だからトイレに行ける。もう3歳だから自分でごはんを食べられる。もう5歳だから自分で着替えられる。もう5歳だから「ちょっと待って」が分かる。もう10歳だから一人で眠れる。もう10歳だから言わなくても分かる……というように。標準とされる成長の基準で、子どものことを見るときに「もう○○だから」という言葉がつくように思います。

でも、わが子のいろんな「はじめて」の日を覚えていますか。

はじめて寝返りをした日。それは、特別な日になりました。

はじめて小さなお口へ離乳食を運んだ日、失敗に終わっても記念日になりました。

はじめて一人で立ち上がったとき、奇跡が起こったかのような日になりました。

拍手して喜んで、写真や動画に収めて、家族に宝物が増えました。そのときのママの笑顔は、子どもにとっての宝物。あなたが、赤ちゃんの頃の記憶が思い出せないように、小さな頃の思い出は、記憶の引き出しの奥に入れられたままになるけれど。「大好きな人の笑顔を見る」というあなたの喜びの原点は、そのときに育まれたのかもしれません。

いつからでしょう。親は「もう一人で歩けるでしょ」「自分で食べられるでしょ」「まだ抱っこだなんて恥ずかしいよ」「一人で寝なさい」……、と子どもが一人でそれをすることを当たり前に思い、そればかりでなく、できないときには「問題」にさえしてしまいます。

親からすると、もう自分でできることを「ママやって」と甘えてくる子どもの欲求に応えることは、甘やかしになるんじゃないだろうか、しつけができていないと世間から冷たい目で見られるんじゃないだろうか、と想像の中の冷たい目を、子どもに向けてしまうこともあります。

しかし、**赤ちゃん返りしているようにも見える甘えは、成長の階段の途中にある踊り場のようなもの。子どもは踊り場で愛されていること、守られていることを感じてエネルギーが補給できると、自ずとまた次の階段をのぼっていきます。**

ずっと、階段をのぼり続けるのはしんどいですよね。時には手を借りて、時には心を預けて、甘えることも必要です。

どんなことも自分一人でできるようになることは、素晴らしいこと。だけど、大人になったあなただって「一人でできないことがあっていいんだよ。一人ではがんばれないときがあっていいんだよ」。

人は、一人きりで生きていける理由を増やすより、一人では生きていけない理由を増やした方が、幸せを感じながら生きていけると思います。頼り、頼られ、支え合うことの間には、優しい愛があるからです。

入園入学前後。新学期。弟や妹が生まれたとき。引越したとき。何かに向けてがんばっているとき。そうしたときに、「ママ、やって！」の数が増えるかもしれません。その数の分、あなたが渡せるものがあるとしたら、それは何でしょうか？

小さな子どもの頃のあなたは、それを知っているはず。

かっこ悪いと思われたり、がっかりされたりすることより、甘えることを選んだときも。

本当はもっと甘えたかったのに、妹や弟がうらやましかったのに、両手が塞がっているお母さんに、「やって」が言えなかったときも。

ご飯を食べさせてもらうことで、受け取りたかったもの。

着替えさせてもらうことで、受け取りたかったもの。
抱っこしてもらうことで、受け取りたかったもの。
眠るまでそばにいてもらうことで、受け取りたかったもの。

子どもの力を奪うと恐れないで。成長できないと焦らないで。
あなただから、与えられるものがそこにあるから。

「なんで？　なんで？」と聞いてくるとき

「責めてるんじゃないよ。わけを聞かせてね」

子どもが聞いてくる「なんで？」「どうして？」は、純粋に「知りたいから」。興味のあること、疑問に思うことを、ありのままの心でそばにいる大人に、その答えが知りたくて尋ねてきます。

好奇心旺盛な子どもにとって、何かを深く探求しようとする〝なぜなぜ期〟は、成長においてとても大事な時期だと、きっとほとんどのママたちは知っているはず。

これに限らず、子育ての情報も知識も溢れ返る世の中。「どうすべきか」という「やり方」「関わり方」を知識として知っている方は多いのです。主体的に調べることもできるし、調べなくても自動的に目に入る時代です。

でも、情報を知識として渡そうとする人が、どれだけママの状況を知っているでしょうか。与えようとされるものは一方的で、あなたの状況や事情は考慮されていません。

そう。ママたちは、知っているのです。家事の手を止めて、「なんで？」の答えを一緒に探すことの大切さを。

でも現実は？　忙しい時間帯に「なんで？　なんで？」と質問が繰り返され、「どうしてなの？」と疑問をぶつけられては、その答えや答えの探し方を教える余裕はありません。はぐらかしたり、冷たくあしらったりする自分に、「本当はこんな子育てがしたいわけじゃないのに」とがっかりする。理想とする「子どもとの関わり」が明確にありながらも、そうできない自分に絶望感が募る。

そんなときは、自分の話を聞いてみましょう。

「なんで？」という問いから、出てくる答えが「今日は、早く家事を終わらせてゆっくり過ごしたいから」「今日、仕事で落ち込むことがあって、心に余裕がないから」と、「今」に理由があるなら、その理由を子どもに伝えてあげましょう。子どもの質問がどうでもいいことだから答えられないのではなく、今は、それに答えることができない理由を伝えましょう。

また、「『なんで？』と聞かれると、反抗されているような気持ちになるから」「毎日何度も聞かれると、答えるのが面倒に感じるから」と自分の心に理由があることに気づいたなら、自分の心の動きを「そう感じても良い」と受け入れてあげましょう。

こんなふうに、もっとよく自分を知るための「なんで？」の使い方もあるのですが、この問いは「詰問」ともいわれ、責められたような気持ちになる場合もあります。「なんで、あなたにはできないの？」「なんで、これが分からないの？」というように、この場合の「なんで？」は、「ダメなところ」を相手や自分の過去から探すために使うからです。なのに、その答えは、大抵特定できないんですよね。でも、こうした問いさえ、子は親から受け取り、親は子へと受け継いでいくのです。

自分が責められるようにして投げかけられていた「なんで？」があると、子どもの「なんで？」も受け入れ難いことがあるかもしれません。

子育ては、こうして受け入れ難いことがあるからこそ、自分らしく生きることを取り戻す機会にもなります。

自分の心をありのままに受け入れることで、子どもの疑問や思いに対しても「気になるんだね」「そう思ったんだね」と興味を持って、耳を傾けることができるようになります。「こうすべき」という知識より、「こうしたい」という思いに気づけるようになるのです。

答えのないような「なんで？」も、「そんなことに興味があるのね」と感心するような「なんで？」も、ママを見上げながら聞いてくる「なんで？　なんで？」も、振り返ってみるとほんのいっときの時間です。そのいっときを「こうすべき」という知識で、子どもに接していると辛くなってしまいます。それは、知識によってあなたの心が無視されているからです。

本当は、あなたの中にだって「なんで？」が溢れているはず。忙しくて余裕がない、そんなときこそ、あなたの心に耳を傾けて。持っている時間は変わらないのに、自分の心の状態で時間の流れ方は変わっていることに気づいていきます。

プレゼントを大事にしてくれないとき

「『優しい人』を生きようとするのではなくて、あなたはあなたを生きていいんだよ」

お誕生日やクリスマス。何でもない日にだって、子どもがプレゼントをもらうことはありますよね。

そのとき、あなたはどんな気持ちになりますか?

贈ってくれた人に対して「申し訳ないなぁ」となんとなく罪悪感を覚える方も、「愛されてるなぁ」と喜びを感じる方もいるでしょう。もちろん、どちらであっても感謝の気持ちは同じ。

贈ってくださった方はきっと、「喜んでくれるかな」「これが好きだろうな」「こっちが似合いそう」「きっとこの色ね」そんなふうに、受け取った子どもの喜ぶ姿を想像して選んでくださるはず。いただいたものを大切に扱うことと、その方の気持ちを大切に扱うことは、親にとっては同じことなんですよね。

だからこそ、子どもがプレゼントを大事にしていなかったり、まるで大事だと感じていないような言動をしたりしたら、怒りを覚えることもあるかもしれません。

多くのお母さんが、子どもに「人の気持ちの分かる優しい子に育ってほしい」と思っているから、そうではないと感じられる子どもの姿には、がっかりしてしまいます。

大人は自然と、その方の思いを想像したり、気持ちを汲んだりすることができますが、子どもにはそれができません。心で感じることと頭で思うことが直結している子どもには、大人の世界の社交辞令や謙遜などは通用しません。大人は、自分の気持ちより相手の気持ちを優先するほど、それができてしまいますが、子どもは、これから先、人との関わり合いを積み重ね、成功も失敗もたくさんの経験を積んだ先にできるようになります。今は、まだその練習中なのです。

「大事にできていない」と思うときこそ、自分以外の人にも思いがあることを知らせるチャンス。人の思いを大事にすることと、モノを大事にすることを伝える機会にもなるでしょう。

子育てとは、子どもに「まだできないこと」を一つひとつ教えていくこと。でも、それと同時に、「まだできないこと」よりも、「すでに子どもが持っているチカラ」に、親が気づくときでもあります。

子どもが持っているチカラとは、『自分の好き』や『自分の思い』に気づくことのできるチカラ」です。

大人の女性に向けたライフスタイルコーチング講座で「favorite list」という「好きなもの」を書きだすワークをすることがあります。「好きなこと」「好きな音楽」「好きな本・映画」「好きな色」「好きな場所」……。とにかく、「自分の好き」を書きだすだけのワーク。このときに「自分の好き」に頭を悩ませる方が少なくありません。「自分の好き」よりも、家族の好み、人の気持ち、多数の意見などを大切にしてきた優しい人。でも、その優しさを自分には向けずにいると、ずっと「私はこっちが好き」と言ってる自分に気づかぬまま。好きを指し示す心のコンパスを、小さな子どもの頃に置いてきてしまって「私の好き」が分からないままになってしまうようです。

プレゼントしてもらった子ども服を、5歳の女の子は「これ好きじゃない」とお母さんに打ち明けてくれたそうです。そのとき「どうしてそんなこと言うの？」とお母さんは、一瞬悲しくなったそうです。でも幼い子どもほど、「これが好き」という感情は素直で純粋なもの。成長していく中で、人それぞれに、自分の「好き」に反応する感性は、他者や流行などの影響を受けて変化していきますが、幼児期（乳児期以降、小学校就学の始めくらいまで）は、自分の「好き」にまっすぐで純粋です。その子は、ただ率直に「自分の好きとは違うのよ」とお母さんに話しただけなんですね。

「いただいたものを感謝の気持ちを持って大切にする」ことを教える機会は、子どもと過ごす時間の中で、これからきっと何度もあります。

でも、すでにその子が持っている「好き」や「興味」の感性や感覚を、「そっちが好きなんだね」「それがやりたいんだね」と認め、受け入れる機会は、そう多くはないかもしれません。

私たち親世代が受けた教育やしつけの中では、「人の気持ちを考えなさい」「友だちを大切にしなさい」ということは教わってきましたが、「自分の思いを大切にしていいんだよ」と教わることはあまりなかったように思います。だから、まっすぐに自分を表現する子どもの姿に、困惑してしまうのかもしれません。

人は、自分の「好き」を受け入れてこそ、相手の「好き」も尊重できるようになっていきます。自分の思いを大切にしてもらった経験を重ねた先に、「好きなものや欲しいものをもらえたから嬉しいんじゃなくて、贈ってくれた方の思いが嬉しいんだ」と、贈りものの背景にある相手の気持ちに気づき、喜びや感謝が溢れるようになっていきます。

子どもの成長は遠回り。私は、「本当に大切にしたいこと」は、子どもに遠回りをさ

せてこそ手渡せるように感じています。

ちょっと近道して、早く大人になろうとしたあなたへ。

あなたの「好き」や、あなたの「思い」に会いに行こう。人を傷つけない優しい人を生きようとするのではなくて、あなたはあなたを生きていいんだよ。

言われてからでないと行動しないとき

「時間になったら、教えるからね」

自分で考えて行動できるようになってほしい。これは、私がわが子に期待することでもありました。私自身が、社会に出て会社に入ったときに、言われてからでないと行動できなかったからかもしれません。「どう動いていいか分からない」「何をしたらいいのか分からない」。自分で考えて行動できなかった私は、周りを苛立たせることもあれば、慌ただしい空気の中で一人、その空気の流れに乗ることができず、どこか肩身の狭い思いをしながら困惑していたことを覚えています。

それだけにわが子に対しても、「言われてからでないと行動できないと、この子が将来困ってしまう」と思い込んでいました。

わが子が「自ら考えて行動できるようになる」には、「待つこと」が大事だと考えた私は、子どもが自分で動き出すまで「待つ」ことを試み、「指示」で伝えることで自主性を妨げると知れば、提案や問いで伝えるということを試み、言葉で動かそうとするのではなく「在り方」で示そうと、自ら率先して動くことを試みたり……。

かつて「言われてからでないと行動できなかった私」は、誰かに言われたわけでもないのに、いつしか自ら考えて行動していました。

確かに、言われてからでないと行動できないと、私のように、人を困らせてしまう自分に困ることも、情けなくなることもあるでしょう。でも、今ならどうして当時の私が行動できなかったのかが分かります。

それは、そのときの私は「どうしたらいいか分からなかったから」です。

私たちが受け継いだ良しとされている価値観の中に、「自分の頭で考える」というものがありませんか？

でも、この言葉を冷静に考えてみても、自分の頭の中に持っている知識や、自分の経験の範囲内だけで想像してみても、「分からないこと」があるのは当然。知識や経験が身についたときに、はじめて自ら行動できるようになります。

「教えてもらう」ことは、いけないことじゃないはず。教えてもらうことで、それが新しい知識となっていくのだから。でも、「教えてもらうことはいけないこと」「自分で気づけないといけない」「一度言われたら分かるはず（同じことは聞いてはいけない）」という思い込みがあると、子どもに何度も同じことを教える時間が、イライラを募らせる時間となってしまいます。**イライラを解消するには、子どもを「言わなくても行動できる子」に育てようとするのではなく、自分の「こうあるべき」「こうするべき」という思い込みを書き換えるほうが近道。**この場合、自分のイライラ解消を優先して、「子どもがどう育つか」は一先ず脇へ置いていいのです。

「自分で考えて行動する力」は、自分にとって大切なことを守ろうとするときや、「面白そう」「楽しそう」と興味のアンテナが動かされるときに自然と発揮されます。自分の在りたい姿や、自分の生きたい人生を実現していこうとするときに、「今、できること」を考え、自ら行動を起こすのです。

キレイな部屋で心地よく過ごしたいと望むなら、誰に言われなくても片付けます。お風呂に入ってすっきりしたいなら、誰に言われなくてもお風呂に入ります。就きたい仕事があるなら、それに向かって励みます。特別な関係を育みたい相手がいるなら、相手に対して思いやりを持ちます。こうした内発的動機に基づき自分らしく生きていく力は、遠回りした道の途中で出合うさまざまな体験によって獲得していくもの。「指示待ちは良くないもの」という考えが親の中に根付いていても、指示を待って行動するか、待たずに行動するかは、身を置く環境や文化によっても変わるものだと知っておきましょう。

次の行動のために、何をしたらいいか分からないとき。

「さっき言ったから分かるでしょ」

「何度も同じこと言わせないで」

「時間になったら、教えるからね」

「それが終わったら、準備しようか」

あなたは子どもの頃、どの言葉をかけてほしかったですか？

あなたがほしかったと願う言葉を、子どもにかける言葉として選んでいい。

あなたがほしかった言葉で、あなたの心が満たされたとき、その心が教えてくれるのは、あなたがあなたらしく生きる道の方角です。

「ありがとう」や「ごめんなさい」が言えないとき

「いつか自分の心に言葉を結びつけられるようになるよ」

「子どもに使ってほしい言葉があるならば、その言葉は自分が使おう」

これは、私の講座「子育てノートプログラム」の中のメッセージです。

「ありがとうは？」「ごめんなさいは？」と子どもに促すとき、親は自分から言える子になってほしいと思っています。でも、それができない子どもの姿にがっかり……。

子どもに期待することがあるならば、その期待の矢印は自分に向けましょう。

「ありがとう」や「ごめんなさい」は人とのコミュニケーションにおいて大事な言葉です。「こんにちは」や「はじめまして」という挨拶の言葉とは少し違います。「ありがとう」や「ごめんなさい」は人の思いが伴う言葉だから。

子育ては、子どもに手渡そうとするものの数が多いけれど、本当に育みたいものはその心。何気ない日々を豊かに色付けしていくのは、「何ができたか」よりも「どんな心でいられたか」だから。

「ありがとう」と感謝は湧き出ていないのに、「ありがとう」を言わされたり、「ごめんなさい」と思っていないのにその場を鎮めるために、「ごめんなさい」を伝えたりしていれば、「相手のことを思って自分の気持ちを伝える」ということはできません。その場を円滑なコミュニケーションで済ませるための「ありがとう」や「ごめんなさい」では、上辺だけの関係は育めても、深みのある温かな人間関係を育むことはできません。私たちは、言葉に乗った人の思いを受け取り合うからです。

人間関係が希薄になったとはいえ、SNSは盛んになり、「言葉」だけで人と繋がることは容易な時代。心無い言葉で相手を傷つけたり、貶めたりと、深い関係でもない中で深い傷を与え合うことができてしまいます。これは、私たち大人が作ってしまった社会です。

人との温かな関係を築くための土台として、自分の心の動きを感じた上で、相手への感謝やお詫びを伝えることは、とても大切なことです。

教えられる「言葉」では、気づけない「心」があります。

あなたも、子どもの頃、本当は伝えてほしかった「ありがとう」や、言ってほしかった「ごめんなさい」はありませんか。

あなたが、「言ってほしかった」と思う気持ちが知らせてくれるのは、あなたがどんなときに「ありがとう」や「ごめんなさい」を感じるか、という心の動き。あなたにとって大切な価値観です。そこには、あなたにとっての「喜び」や、あなたにとっての「悲しみ」や「傷み」があります。あなたが伝えてほしかった「ありがとう」を、あなたが言ってほしかった「ごめんなさい」を、今度はあなたが伝えていく番です。「言ってほしかった」という悲しみは、あなたの愛情の表現へと昇華できるのです。

あなたにも言ってなかった「ありがとう」や「ごめんなさい」はありませんか。これまでを振り返ってみたときに、言えないままで胸がチクリと痛むような「ありがとう」や「ごめんなさい」があるはず。

感情は、時間を超えても大切なメッセージを伝えてくれます。でも、ずっとそれを抱えたままでは次第に気持ちが重くなって、やがて「後悔」という感情に姿を変えていきます。あなたに伝えられなかった人も、きっと後悔を抱えたままでいます。

でも言葉にしない限り、私たちは相手が何を抱えているのかわかりません。知らないことは「ない」のと同じになってしまいます。

嬉しいなぁ、ありがたいなぁ、と感じるときには、それを言葉にして伝えましょう。悪かったなぁ、間違ったなぁと思うときには、それを言葉にして伝えましょう。

家族の中でそうしたコミュニケーションができていると、子どもは自然と「ありがとう」や「ごめんなさい」が言えるようになります。

わが家の息子は、中学3年生の絶賛反抗期中。毎日まいにち、言葉でも態度でも見事に反抗してくるのですが、そんな中でも「ありがとう」や「ごめんなさい」を、自分がそう思ったときに伝えてくれるようになりました。「さっきは、あんな言い方して悪かったなぁ」と、誰よりも自分が分かっているのです。

大人だって間違えます。失敗もします。子どもならなおさら。完璧な人なんていないのだから。そんなときに許し合える関係の有難さも、そんな許される存在がいる嬉しさも、言葉で伝えていけたら、それ自体が喜びではないでしょうか。

言葉は人に強制されるべきものではありません。自分で自分の心に結びつけるものです。まずは、自分がそう在りましょう。あなたがいつかそうしてほしかったように、あなたがそうしましょう。子どもの頃のあなたは、それを知っていたのだから。

人の顔色を窺ったとき

「良い子だから、あなたが大切なんじゃないんだよ」

赤ちゃんは、「察する」ということができません。私たちは、元々、人の顔色、人の気持ち、人の状況を察することができませんでした。

早朝でも、真夜中でも、え〜〜んと泣いて、その声のボリュームを、時間帯や人によって変えることもしません。自分が泣きたいときに、泣くのです。ママを呼びたいときに呼ぶのです。「今、忙しそうだから」「ママ、疲れてそうだから」「二夜連続は、さすがに寝不足で悪いか」なんて、考えることもしません。

言葉を持たない赤ちゃんは「お腹がすいた」も「おむつが汚れた」も「眠たくなった」も「ママ、抱っこして」も「痛い」「痒い」「暑い」「寒い」も全部、泣くことで伝えてきます。自分でもなぜ泣き出しているのか分からない理由を、ママは察しようとします。「おっぱい？　ミルク？」「おむつ気持ち悪い？」「抱っこ？」とその理由を分かろうと手探りてさぐりその声に応えることで、赤ちゃんとママの間に信頼感情が生まれてきます。赤ちゃんは、人との間に信頼感情や愛情があることを学ぶために、言葉を持たず生まれてきたのかもしれません。

そして、1歳を過ぎた頃、はじめての言葉を発するようになって、2歳を過ぎた頃には、その数が増えていきます。察してもらうことで、欲求を叶えてもらっていた時期は過ぎ、「言葉」を使って、自分の意思を伝えることを学ぶ大事な時期がやってきます。「イヤイヤ期」と呼ばれるように、意思を伝える言葉は「イヤ」という言葉一つ。泣き声から言語に変わったのだから、大きな成長なのですが、親にとっては、大変な時期でもあります。「自分で選びたい」も「本当は眠たいの。でも、もっと遊びたい！」も「最初から自分でやりたかった。ママ、手伝わないで」も、全部「イヤ」で伝えてくるのだから。赤ちゃんのときのようにいのちを育むための欲求から、もっと複雑、難解になっていきます。ただし、それを表現するほどの言葉を使えるようになるのも、自分の思いや考えに気付けるようになるのも、まだまだ先。その練習期間であるのが、この時期なのです。「察してもらうこと」で欲求を満たしてもらっていた時期を卒業していくために、察して（想像して）もらいながら「言葉」と結びつけてもらう期間になります。

親になった私たちに、その大きな成長を遂げようとした2歳の頃の記憶が残っているはずもなく、その時期の子どもとどう関わり、どう自分と向き合うのか、イヤイヤ期で初めて対峙することになります。

初めてのイヤイヤ期で親が最初に直面する壁は、自分の中の「思い込み」によって、子どもを見てしまうこと。「イヤ！」という言葉で、自分が否定されているように感じたり、「イヤ！」という言葉に、わがままな子と思ったり。親は、「自分の思いや考えを言葉に結びつけられる子」に育てようとするより、「良い子」に育てようとします。「イヤ！」の言葉の奥に隠された思いを推し量ろうとするより、「ダメ」と叱りつけたり、「こっち」と決めつけたり。子どもに伝わらないと感じたら、もっと大きな声にして、もっと強い気持ちでぶつけるように伝えることもあるかもしれません。「悪い子ね」「そんな子は、嫌い」と一番悲しい言葉を使って、「良い子」に育てようとすることだってあるかもしれません。きっと、あなた自身も言われたことのある悲しい言葉を使って。

自分の生活を守り、自分でいのちを育むことができない幼い子どもにとって、自分の意思より親の意思に任せること、自分の感情より親の感情を優先することが、最善だと学習することもあります。親の機嫌によって自分の行動が制限されたり、親の都合によって自分の思いが叶わぬことがあっても、自分の心を守るために、それを選択の基準にする術を身につけていきます。朝も夜も泣いていた赤ちゃんが、泣きたくても泣かない子どもへと成長していきます。

いつも察してもらっていた赤ちゃんが、人の顔色を窺って察することができるようになっていきます。察することが上手になった子は、やがて「良い子ね」と言われるようになります。大人になると「良い人ね」と言われるようになります。

でも、あなたは「良い子」である前に、「良い人」になる前に、あなたはあなたであることを忘れてはいけません。本当は、お母さんだって、あなたが良い子だから大切にしたんじゃない。あなたが大切だから、良い子に育てようとしたんです。伝える順番が逆だったのです。

あなたが愛されることに、条件はありません。早朝も真夜中も構わず泣いていたあなたを、早朝も真夜中も抱きしめた人がいます。あなたがあなたの赤ちゃんにそうしたように、あなたもその愛を受け取っています。

でも、その愛よりもっと大きな愛があります。それが、子どもがお母さんに抱く愛です。

人の顔色を窺ってばかりいて、疲れている自分に気づいたときは、大切な自分の存在に気づくとき。「良いお母さんだから」と条件もつけず、愛してくれる子どもの存在に気づくときです。

赤ちゃん返りをするとき

「そこにいてくれるだけで、うれしいよ」

下に妹や弟が生まれたときに、それまで自分でできていたことも「ママ、やって」と甘えてきたり、「ママ、やって」と言葉を使ってお願いすることもせず、泣くことや不機嫌な態度を取ることで、「やってほしいこと」を伝えようとすることがあります。

「赤ちゃん返り」という言葉で表されるように、ミルクを飲みたがったり、おっぱいを触りたがったり、トイレで用を足せていたのにオムツに逆戻りしたり、ご飯を自分で食べようとしなかったり、まるで赤ちゃんに戻ったような行動をします。

赤ちゃんが生まれて数カ月経ってから、ママの両腕が空く時間が増えてきたときに、赤ちゃん返りが始まることも多いため、そうしたママの相談を受ける度に子どもはママのことをよく見てるんだなぁと思います。

私が、みなさんによく例えるのは「パパが新しい家族をお家に連れてくるのを想像してみてください」と。「君への愛情は何も変わらない。でも、この子は自分一人では何もできないんだ。君はもうなんでもできるから大丈夫だよね。僕は、この子をサポートするよ。ほら見て。かわいいでしょ？」と言われたら、どんな気持ちになりますか？　しかも、その子は自分よりも小さくって、そこにいるみんなが「かわいいかわいい」とニコニコ笑って、抱っこできることを喜んでる。私が「抱っこして！」と言っても、笑ってくれないどころか困った顔をするのに……。

「赤ちゃんはいいな」

そんな気持ちになりませんか？

もし、あなたも下に弟や妹が生まれた経験、新しい家族を迎えた経験があるなら、子どもの頃にそんな気持ちを抱えたことがあったかもしれません。なんと、わが家の5番目の末っ子は、子犬を飼い始めたときに赤ちゃん返りをしました。

もちろん、「感じ方」は人それぞれ。どう捉えるかで、感情は変わるものだから。それでも、子どもにとって、ママの愛情がどこに向かっているかは重要で、繊細な子は特に、敏感に感じ取ります（繊細な子は、豊かな観察眼の持ち主だから）。

ママは、子どもの情緒が落ち着かない様子に、「愛情が足りてないのかな？」「何がいけなかったんだろう」と自分の中に原因があるのではないかと探そうとします。

でも、一時的に赤ちゃん返りしたかのように見える子どもの行動は、むしろ安心できる存在や環境で見られるものなのです。そこに愛があると知っているから、求めようとするのです。

求めたら受け取れる、泣いて求める赤ちゃんのようにいつもママの愛情を感じていたい。そう思うのです。初めて、お姉ちゃん、お兄ちゃんになろうとするその成長と葛藤しながら。

まるで、**自分の成長の素は、ママから受け取る「愛情」や「安心」だと知っているかのように、子どもは大きく成長しようとするとき、それをいつもよりも多く受け取**

ろうとします。成長しようとするときは、これまでの自分とは違って、いつもよりがんばりが必要なときだから。

でも、ママだって、初めて2人のママになり、初めて3人のママになり……と、子どもが増えるごとに初めてだらけの毎日がスタートします。ママにとっても大きな変化なのです。

ママにとっても成長の素が必要です。成長の素は「愛情」「安心」「理解」「サポート」。母の愛は、無償の愛といいますが、私は、これには異を唱えたい。愛情や母性は、当たり前に無限に湧き出るものではないからです。

確かに、子どもはかわいいし、心から愛しい何者にも代え難い存在です。でも、そのかわいい子どもをかわいいと感じられないとき、心から愛しているのに愛しいと思えない一瞬の母の葛藤は、どんな言葉と結びつけることも難しいほど苦しいものです。

ママは、育ちゆく子どもに「愛情」や「安心」「理解」を示そうとし、必要なサポートをします。0歳は100％、1歳は90％、2歳は80％、5歳でようやく半分の50％というように、成長と共に、手をかけることも減っていきますが、お家の中に赤ちゃんがいるということは、100%サポートが必要な存在がいるということです。首が据わる前の赤ちゃんは、両手を使って抱きかかえることが必要です。加えて、他のきょうだいがいるとなると、他の子たちへ手をかけることも、目をかけることも、声をかけることもあるし、まさに手が足りない状態になります。

「赤ちゃんは、何も分からないから泣いていても大丈夫」「上の子を優先してね」などと、産前産後のママに関わる方は、優しさからそうした言葉をかけてくれます。

でも、現実的に赤ちゃんが泣いているときに、何も感じず放っておくことは難しいもの。自分たち家族のリズムやバランスがなんとなく良い感じに整うようになるまでは、赤ちゃんにも「待っててね」、上の子にも「ごめんね」が増えていきます。

自分の中にある愛情をどんなに惜しみなく注ごうとしていても、自分にも必要な成長の素を受け取ることを忘れていたら、気づいたときには、愛情を渡したいのに渡せない状態に。子どもをかわいがりたくなくて、産む人はいません。「この子を愛そう」「この子を大事に育てよう」、言葉にするまでもない自分との約束を守ろうとしています。

ママ本人や、子ども以外の周囲の人が「母の愛は無償の愛」という言葉を盾にして、ママや子どものことを見ようとしないことは危険です。どこまでもがんばれてしまうからこそ、どんなときも「私が」と一人で抱え込んでしまうからこそ、産後のママのそばには、「愛情」と「理解」を示し、サポートしてくれる人の存在が必要です。

産後一年未満のお母さんの死因の1位は自死です。子どもから、お母さんを奪うほど耐え難い悲しみはないでしょう。

お母さん、がんばり過ぎないでいいんだよ。お母さんが、そこにいてくれるだけでうれしいんだよ。

あなたが、お母さんに言いたかった言葉もあるのではないでしょうか？

あなたが、お母さんにかけてほしかった言葉も、あなたが、お母さんに言いたかった言葉も、今、そっとあなたの胸に届きますように。

第3章

思い通りにいかないときにかける言葉

なかなか寝ないとき

「今しかない時間がここにあるね」

年齢にもよりますが、眠るまでに時間がかかる子もいれば、いつもと状況が変わると眠れなくなる子もいます。寝かしつけが必要であれば、やらなければならない家事や〝子どもが寝た後のお楽しみ〟もあるのに、1日の残り時間はどんどん減っていく。ああ、家事がたっぷり残ったままで今日が終わっていく……。

でもね、減っていくのは、今日の24時間だけじゃありません。

関西大学の保田時男先生によると、母親が生涯で子どもと過ごせる時間は、なんとたったの約7年6カ月（約65700時間）。この時間の内、子どものそばで寝かしつけができる時間はもっともっと少ないんですよね。

「いつかはなくなってしまう寝かしつけの時間。今の私はその貴重な時の中にいる」と実感したとき、子どもが眠りにつくまでにかかる時間の愛しさと無常を感じました。

本当にもったいないのは、「家事も何もできないまま過ぎていく寝かしつけの時間」ではなく、その時間こそ「二度と戻らないわが子との時間」であると知らないこと。20年、40年経ったときには、「あと5分」「もう5分」と延ばしたくなる時間がそこにはないでしょうか。

意識するのは「1日の終わり」ではなく「子どもと過ごす時間の終わり」。1日の終わりを意識すると「やること」の大変さに、時間を早送りしたくなってしまいそうですが、子どもと過ごす時間の終わりを意識すると、ゆっくりと巻き戻して見返したくなるような気がしませんか。今は、「いい加減にして」と言いたくなるような1シーンが、いつかは何度も繰り返し見たくなるシーンになるなんて……。

疲れているときには、そう思える余裕もないから、そんなときはいったん休みましょう。睡眠不足は、ときに人格を変えてしまうほど辛いもの。しんどさが募るときは、身体を休めることを最優先しましょう。

赤ちゃんや幼い子どもたちは、ぐっすり眠ることや暗い夜が来ることに、恐れを感じることもあります。まだまだ遊んでいたい気持ちや、今日も楽しかった気持ち、まだママと一緒にいたいという思いで、テンションが上がっている子もいるかもしれません。**怖いときにも、元気なときにも、手渡すのは「安心」です。**

明るいところから、暗いところ。

見えるところから、見えないところ。

音があるところから、静かなところ。

まるで世界がガラッと変わるかのように、眠りの準備は始まります。

安心を届けるには、「いつも同じこと」「似たようなことの繰り返し」がおすすめです。例えば、絵本の読み聞かせ。暗がりで絵本が読めないときは、創作話。背中を撫でるマッサージや、足を温めるマッサージ。昔からある子守唄。「いつもと一緒」は、子どもにとっての安心材料。ママにとっての安心材料にもなります。

こうした**安心を手渡す時間は、翌朝のご機嫌づくりにもなります。「安心して眠れますように」と、子どものために作った時間が、朝には自分のために返ってきます。**

「あれして」「これして」と親に命令してくるとき

「応えることだけが愛情じゃないから、心配しなくていいんだよ」

「お茶取って」「着替え持ってきて」……。あれこれ親に指示してくるので、モヤモヤしますというご相談をいただきました。

命令されているような気にもなるこうした言葉の形を「YOUメッセージ」といいます。主語は、あなた（相手）で、期待する行動を伝えます。大人である私たちも、こうしたコミュニケーションが続けば、「自分ですればいいでしょ」と、相手に返したくなります。指示や命令では、やる気は引き出せないどころか、急降下。

だけど、こうした伝え方は、私たちが教育やしつけを受ける中で、当たり前のように使われてきたものです。そのため、日常の中でも「早くおもちゃを片付けて」「残さず食べなさい」というように、親が子に指示や命令で伝えることに疑問すら抱かず、使ってしまうことも多いでしょう。

相手がわが子でなくても、パートナーや職場の上司から、「あれしておいて」「次は、これ」と指示ばかりされている場面を想像してみてください。

例えばパートナーから「ご飯作って」「食器洗って」「お風呂沸かして」「洗濯物を畳んで」……。次から次にそう伝えられたら、不満は一気に爆発レベルに⁉　これって、私だけでしょうか？　夫婦間のこうした光景も、少し前までは当たり前の日常風景。「醤油」「お茶！」。欲しいものを口にするだけで、手元に届くようなやり取りが、「ごく普通の家族のあり方」として、あなたの思い出の中にも残っているかもしれません。その指示に応える人の本音は知らぬままに。

人は、人を言葉で動かそうとすることができますが、その言葉で人の心を動かすことはできません。私たちは、ロボットではないのだから。指示や命令は、状況によって気持ちが変化する私たちを動かすことはできません。

でも、**もしあなたの中に、「言われたことには応えるべき」という考え方があるなら、「できないときがあってもいいんだよ」「応えることだけが愛情じゃないから心配しなくていいんだよ」と自分に言葉をかけて、考え方を緩めていきましょう。**

相手が渡そうとする言葉の形は選べないけど、自分から相手に渡す言葉の形は選べます。「言葉の形」は、相手との「繋がり方」にもなります。指示や命令だと、そこに生まれるのは、トップダウンの上下関係だけです。

一方、「信頼できる関係」や「安心できる関係」を育んでいく言葉の形もあります。それは、主語を「私」にして「思い」を伝える「Iメッセージ」です。「これ片付けてくれると、ママはとっても助かる」「ご飯をたくさん食べてくれて、お母さんは嬉しい」というように。

言葉は、「人を動かすため」にあるのではなく、「分かり合うため」にあります。親が子へ何度も何度も手渡した言葉の形は、いつかわが子が手渡す言葉の形となります。

お友だちと仲良くなれなかったとき

「みんなと仲良くしようとしなくてもいいのよ」

お友だちと仲良くしてほしい。多くのお母さんが願うことの一つではないでしょうか。母となり、人は一人では生きていけないことを知った今。人と支え合い、助け合うことで救われること。楽しさや喜びは分かち合うことで何倍にも増幅すること。悲しみや苦しみは寄り添い合うことで痛みが和らぐこと。そんな体験が「友だちの大切さ」「人との繋がりの温かさ」をあなたに教えてくれたのではないでしょうか。

反対に、全てを一人で抱えているときの孤独感や、冷たく感じる人との関係からも、それを教わったことがあるかもしれません。

だからといって、「友だちはいるべき」ということはありません。それさえも、生きる上での選択肢として一人ひとりに与えられたもの。それに、「友だち」というのは、つくろうと思ってつくるものでも、なろうと思ってなるものでもないですよね。「偶然」がもたらすような出会いや、「必然」が運んでくるような出会いによるもの。同じ園に通うことも、同じ教室で机を並べることも、子ども自身が選べるものではありません。たまたま乗る電車の同じ車両の人たちも、たまたま同じお店に居合わせる人たちも自分では選んでいません。自分が主人公の人生に登場するキャストを、例え親であっても、自分では選んでいないのです。でも、その自分では選べないことの中に、心から喜びが湧くような出会いがある。そんな出会いが、いくつになっても訪れるのが人生の面白さかもしれません。

娘が小学生の頃、「休み時間に何したの?」と聞く度、「図書室に行って本を読んだよ」と答えることがありました。毎日まいにち、図書室に行っていた娘は、ある日「本を読むのはダメだ」と先生に言われたのだそう。先生としては、娘を思っての言葉で、「友だちと交流して仲良くできるように」と考えてくださったのでしょう。

「じゃあ今日は、何したの？」と聞くと、娘は「本を読むのはダメって言われたから、どんな本があるのか表紙を見てた！　タイトルを読んでた！」と言うではありませんか。先生の期待に応えることはできなかった娘ですが、私は「さすがだ！」と思いました。「今、どう過ごしたいか」「今、誰と過ごしたいのか」「1人でいたいのか」、それらは本人が決められること。本が好きだということもありますが、娘には「休み時間には教室を出て別の場所にいたい」という理由もあったのでしょう。それを選べる娘が、なんだか私は誇らしかったのです。1日の大半を学校という「決められた場所」で過ごす子どもたちにも、「自分がいたい場所」「自分らしくいられる場所」を選ぶ権利があるのだと娘の姿から、学びました。

「1人で過ごす」ことを選択していた娘は、義務教育から卒業し、自分のやりたいことで選んだ高校で、心置きなく過ごせる友だちや信頼できる先生と出会い、日々の中にそれまでにはなかった楽しみを見つけたようです。出会いのタイミングが今じゃなくても、自分らしさを大事にしていたら、いつか「自分の波長と合う人」と出会うことができます。

今、その場所に、自分と気の合う人がいないだけで、自分に何か間違いがあるわけではありません。そもそも、まだ成長途中の子どもたちです。誰もが人間関係を育む上で、失敗も後悔もあります。だからと言って、みんなに合わせようと、自分らしさに蓋をしてまで繋がり合おうとする必要はないと思うのです。自分らしくいられるまで、大好きな人と出会うことのできる場所がきっとあるから。

友だちを探すことよりも、自分にとって居心地の良さを感じる場所（環境）を目指して歩んでいくことの方がきっと大事。生きる道は、そうやって作られていくはず。

みんな（全員）と仲良くしようとしなくていい。みんなと同じようにできない自分を責めなくてもいい。自分らしくいられる人と出会えたとき、「この人だったんだ」と心から喜び合える関係がそこには待っているから。あなたは、あなたのままでいてください。

やめたくなったとき

「無理をしてまで続けなくていいのよ。嫌ならやめてもいいんだよ」

私の講座を受けてくださった方たちに、「子どもの頃、お母さんに言われた言葉で悲しかったことはありますか？」と尋ねたことがありました。そのときに、一番多かった回答が「習い事をやめたいのに、ダメって言われたこと」でした。

自分から習いたいと言って始めた習い事。親から勧められて始めた習い事。お友だちと一緒の習い事。始まりはどちらであれ、「やめたい」というのも子どもながらに勇気がいるもの。「休みたい」「行きたくない」というのは言えても、「やめる」と子どもが決めるのはとても大きな決断です。それに、行きたくない理由ややめたい理由を、言語化するのは子どもにとって難しいこと。ですが、親の方は、「続けることの理由」をはっきりと言葉にできるくらい持っているから、「何言ってるの、がんばりなさい。あなたのためなんだから」「せっかくここまで続けてきたんだから、やめるなんてもったいない」「自分でやりたいって言ったことでしょ？　最後までやり遂げなさい」と、子どもの本心がどこにあるのかを探ろうとする前に、「やめたい」の一言に反応してしまいます。

これまで自分の人生を歩んできた大人だからこそ、大きな視点（長い目）で見ることができます。今、多少辛いことがあっても、その経験が未来には生かされること。練習がめんどくさいと思っても、それに取り組む時間がいつか宝物のような時間になること。「できた！」の成功体験だけでなく、「できなかった」の失敗体験も、いつしか自分の人生にきらめきを与えてくれるようになるものだと、長期的な視点で捉えることができます。本当は、それさえも一つの「仮説」でしかありませんが、まだ見ぬ未来だからこそ、その希望を子どもに託そうとします。子どもへの希望には、「やっていれば良かった」という自分自身の後悔や、「やっていて良かった」という自分への自信も含まれています。

「こうすることがこの子のため」と信じる気持ちは、ときに子どもの気持ちを見えづらくします。確かに、子どもの一時的な気の落ち込みで、やめると決断するのは未来への後悔に繋がることもあるかもしれません。「続けていたからこそ」「やめたからこそ」の、その先の未来は、決断によってではなく、それからの生き方で変わるものだけど、「続けた先でしか出会えない未来も見てみたかった」と大人になって抱く後悔を、子どもには味わわせたくないというのが親心なんですよね。

でもね、本当は子どもにとっては、やめさせてもらえることよりも、もっとがんばれって励まされることよりも、勇気を出して「やめたい」と言ったときに、「その気持ち、お母さんも分かるよ」というひと言が何よりほしいもの。ただ、お母さんに味方でいてほしかったんですよね。「無理をしてまで続けなくていいのよ」「嫌ならやめてもいいんだよ」と、気持ちに寄り添うようにして、続けること、がんばること以外の選択肢を示してもらうことで、安心したかったはず。「そのままの自分の気持ちを認めてほしい」という子どもの思いと、続けるのもやめるのも、「自分で決めることを許してほしい」という親への期待がそこにはあります。親も子どもに期待するけど、子どもも親に期待するのです。

私たち親は、自分の期待は子どもに渡そうとするのに、子どもが親に何を期待しているのかを受け取ろうとはしません。

あなたも子どもの頃、お母さんやお父さんに期待していたことがあったはず。

子どもに親の夢を託すことなく、子どもがいつか出会う夢を応援できるように、大人になった私たちも自分の本音を知っていることが肝要。「私はどうしたいか」「私はどうなりたいか」「私はどんな人生を送りたいか」……。

まずは、自分の人生に夢中になりましょう。子どもの頃、あなたがお母さんやお父さんに期待していたことを、まずは自分で叶えていきましょう。

爪噛み、指しゃぶりをするとき

「今、がんばってるときなんだね」

爪噛みをしたり、指しゃぶりをしているとき、年齢が上がると共に親は気になってくるものです。爪を切らなくてもいいくらいそれが続いていたり、指だこができるくらい止められなかったり。親にとっては、とても気になることです。そして、それをどこか自分の責任のように感じて「やめさせないと」と、止める方法を考えてしまうかもしれません。でも、少し違う角度から見ると、心の状態を隠さずに「出せている」ということ。その子にとっては、爪噛みも指しゃぶりも必要だから。

子どもの脳は、まだ発達途中。自分の思いや感情を、うまく言葉に結びつけることができるようになるのは、まだまだ先。大人になってさえ、自分の内にある全てを言葉と結びつけるのは難しいもの。自分の思いを言語化することは、一生をかけた学びです。子どもにとってその学びは、まだ始まったばかり。子どもは、まだ言葉にはできないけど、「感じる力」は大人以上です。目、耳、鼻、口、肌、その全てからあらゆる情報を感じ取っています。大人の表情や言葉も、まるでそこに色があるかのように「顔色」「声色」として受け取っています。「雰囲気」や「気配」からは、まるでそこに温度があるかのように「温かさ」や「冷たさ」として、大人たちが言葉に結びつけていないものも感じ取っています。言葉よりも感覚を優位な情報として日々を過ごしています。あなたも、そんなときのことを覚えていますか?

子どもたちの成長の過程で、少し背伸びしてがんばっていたり、どこか無理をしていたり、子どもなりの不安や不満を、爪噛みや指しゃぶりで落ち着かせようとすることがあります。無意識に、心のバランスを自分で取ろうとしているのです。それを「やめなさい」と咎めることは根本的な解決に至りません。成長に伴うストレスを、他の方法で解消する術を見つける必要があります。場合によっては、不安や不満というストレスの要因を取り除く配慮が必要なこともあります。

とはいえ、長い人生。いつでも自分の思い通りになるわけでも、いつも心が一定であるわけでもありません。成長の前には、上らなければならないステップ（階段）が付き物だし、いつも親がそばにいて子どもの心を守ってあげられるわけではありません。今にも未来にも、そうしたその子にとっての「がんばりどき」はあるもの。いつかは親から離れ、自分の人生を歩んでいきます。今、子どもに向けられるまなざしや、かけることのできる言葉、触れることで渡すことのできる手の温もりは、人生に大きな壁が立ちはだかるときや、深い闇に包まれたように落ち込む日の、「心の拠りどころ」になります。

子どもに気になる仕草が見られたら、それは「心のお家」を育てているとき。「この子は、今、がんばってるんだな」と気づいたら、「今日は、緊張したね」「よくがんばったね」と、子どものがんばりを言葉と結びつけてあげましょう。

ぎゅっと抱きしめたり、背中を撫でてあげたり、小さな肩に触れてみたり、あなたの中にある愛情を温もりで届けることができます。

子どもに触れていると、不思議なことに、自分まで温かい気持ちになっていきます。小さな身体の温もりに、小さな身体のがんばりに、自分はすでに多くのものを受け取っていることに気づきます。

癇癪を起こすとき

「よし、よし」

あるときスーパーで「お菓子買って！」と大きな声で泣きながら、床に座り込んでいる子を見かけました。私が、まだママになりたての頃の話です。「お母さんになるのが夢」だった私は、妊娠中に図書館にある子育て本を網羅するほど読んでいました。特に、興味を持ったのが発達心理。親子の愛着関係と子どもの心の発達の関係について理解した気になっていた私は、スーパーに座り込んでいる子の様子や親御さんの関わり方、親子の結びつき（愛着関係）を見て、即座に「癇癪を起こすのは、愛情が足りてないのかも」と、勝手に心配していました。今、思い返してみても、猛省するようなエピソードです。子どもの表現（言葉、態度、行動）を、愛着の結びつきだけで見ようとするのはとても危険です。子どもの発達をサポートする際の一つの指標にはなるけれど、当然それだけでは見えないものが山ほどあります。「知識」だけで、目の前の子を見ていては、親の心も子どもの心も追い詰められてしまいます。「〝分からないこと〟を見ようとすることが子育てなんだ」と今は思います。

でもこれは「知識」だけではなく、私自身の「経験」によって思うこと。本や教科書には、それは載っていませんでした。わが子の成長を教科書と答え合わせするように見ていたら、私は間違いだらけだったでしょう。同じ環境で同じように育てたわが家の5人の子どもたちを見ても、「癇癪を起こすか起こさないか」ということさえも、それぞれ違いました。

癇癪を起こすとき、そこには子どもなりの理由があります。自分の中の欲求が満たされず、静かに爪噛みや指しゃぶりをする子もいれば、大きな声で泣き喚きダイナミックに表現する子もいます。親の期待を察知してそれに応えようとする子もいますが、自分の期待を大きく主張する子もいます。問題は、そうした個性の違いを「わがままな子」「優しい子」とか「良い子」「悪い子」と大人が決めつけてしまうことです。そして、かつての私と同じように「お母さんの関わり」や「家庭の環境」を、自分の知識によって決めつけてしまうこと。

子どもが癇癪を起こしたときは、自分の中にある過去の経験も知識も情報も全て脇へ置いて、まっさらな気持ちで待ってあげましょう。その場所が、お店や公共の施設、静かにしなければならない場所ならば、まずは移動する。抱きかかえたり、手を繋いだりして場所を移しましょう。可能であれば抱きしめたり、背中を撫でてあげたりして、身体に触れましょう。子どもが癇癪を起こしているときは、どんな言葉をかけてもその心には届きません。言葉が届かないときに、心に寄り添える唯一の言葉が「よし、よし」です。その子の思いを認め、感情に共感してあげられる言葉です。もし、あなたから自然とこの言葉が出るのなら、それはどこかで受け取ったことがあるから。

身体が安全に守られていると、心もだんだんと落ち着いていきます。自分の身体から溢れ出した感情が、だんだんと自分の「心のお家」に戻っていきます。満足するまで泣いた子は、顔がとてもスッキリしています。そして、「さっきまであんなにこだわっていたこと」が、すっかり「どうでもいいこと」になっている様子に驚かされます。

欲求を叶えてあげることで、その心を落ち着かせることができるかもしれませんが、それは一時的な対処に過ぎません。もちろん一時的な対処で、しんどい親の心を守ることもできます。親の心を守ることも、長い子育てにおいて大切なことの一つです。と同時に、親として、長い目で見て「育みたいもの」があることも知っておきましょう。


あるとき、娘を幼稚園に迎えに行くと「園庭で遊びたい！」と言い出しました。この日は、帰ってからも予定があったため、朝からお迎えに行ったらすぐに帰る約束をしていました。そんな約束なんて娘にとっては、あってないようなもの。「ブランコしたい〜！」と泣き出しました。「今日は、予定があるでしょ」といくら伝えても遊びたい気持ちでいっぱいの心には届きません。

「遊べない」ことが、引き金になったのか、とうとう娘はわぁ〜んと大きな声で泣き出しました。足が接着剤でくっついたかのように、いくら手を引っ張っても微動だにしません。みんなが通る幼稚園の入り口です。「ブランコしたい！」だけが、大泣きの理由ではないかもしれません。昨日から我慢していることがあったとか、今日はお友だちとケンカしたとか、いつもよりがんばってとても疲れたとか、他に理由があったのかもしれません。いつもの体重の何倍も重く感じる娘をどうにか抱きかかえ、車に乗せました。車の中でもずーっと泣いています。家に着いても泣いていましたが、それから少し経つと、泣き止んでこう言ったのです。「やっと心が戻ってきた」と。小さな手を自分の胸に当てて、まるで心の場所がそこにあることを知っているかのように。

自分でも、行き場の分からなくなっていた感情を、大粒の涙と一緒に大きな声で外に出して、やっと落ち着いた。落ち着いたら、そこに自分の心が戻る場所があることに気づいたんですね。幼稚園の年中さんの頃のエピソードですが、幼い子どもだって、自分で「心のお家」に戻ることができます。待ってあげられるほど時間がない、大きな声で泣かせてあげられる場所がない、という状況や環境もあると思いますが、**大き**

な声で泣いたり、ひっくり返って抵抗したりすることも、決してマイナスな行動ではないと知っているだけで、親である自分の心が戻ってきませんか。

知識や情報は、間違いを探すためではなく、守り育むために使っていきましょうね。

お漏らししたとき

「失敗じゃないよ。もうできていることがあるよ」

子どもがおねしょやお漏らしをしたとき。それは、意図的ではなく無意識だと分かっていながらも、着替えさせないといけないし、おねしょならお布団まで洗わないといけないし、後始末する側としてはため息をつきたくなる瞬間です。

それが毎日のように続けば、叱りつけてしまうこともあるかもしれません。「家事が増えること」もそうですが、その背景には「時間が足りないこと」「人手が足りないこと」など、お母さん自身が抱えるものの多さがあるかもしれません。負担の多さだけでなく、他の子と比べたり、標準とされる発達と比べたり、責任の大きさもあるでしょう。叱りつけたくなるときの理由は、子どもにあるのでなく、自分の心の状態にあるのです。

子どもからすると、お漏らししたくてしているわけではありません。トイレに行きたいことに気づかないくらい夢中になって遊んでいたり、気持ちの焦りや緊張で間に合わなかったり、不安やストレスからおねしょにつながることもあります。その日1日のその子が過ごした時間を、「お漏らし」だけが物語るわけではないけど、その子の1日を想像して胸が痛くなるようなこともあります。

わが家にも、一人、おねしょが続く子がいました。他にもきょうだいがいて、私は仕事もしているし、一人ひとりに十分な手をかけられているわけではありません。母として「ちゃんとできてる！」と胸を張れることは何もなく、母親の自信なんてなかった私ですが、おねしょをしたシーツを石鹸の香りの洗剤で洗ったり、小さな地図が描かれた布団をお日様の下に干すときに「あぁ、私〝お母さん〟してるなぁ」と、「お母さんをしている自分」を実感し、嬉しい気持ちになっていました。
あんなに泣き虫だった子なのに、だんだん泣く姿が少なくなった時期でもあり、人知れず抱えているであろう子どもなりのプレッシャーや見えないがんばりを、洗濯によってサポートできることに幸せを感じていました。そして、いつしか「やれやれ」と思いながら洗っていたシーツも洗わない日がやってくる。その時期にしか味わえない〝お母さん〟があったことにも気づきます。

排泄の心配は、ゴールが見えないからこそ、親としても悩みの種になりやすいものだけど、いつかはなくなる悩みでもあります。**「なくそう」としたり、「比べよう」としたら気持ちも焦ってしまいますが、それ以外の「できていること」に目を向けてみましょう。**

自分に対して「失敗した」と思うときにも、「失敗じゃないよ。もうできていることがあるよ」と言葉をかけて。

「見るもの」を変えていくことで、心の状態は変わっていきます。

子どもがウソをついたとき

「逃げ道を持っていてもいいんだよ」

子どもがウソをつくときも、大人がウソをつくときも、そこには「不安」があります。不安な未来から逃げようとウソをつくのです。不安な未来というのは、「こうなったらイヤだな」という望まない未来。それを、回避する方法として「ウソ」をつきます。子どものウソに気づいたときは、子どもがそのとき抱えている「不安」に目を向けると、一概に「ウソはダメ」と否定することがなくなります。誠実に人と関わることは、人間関係を育む上で大事なことですが、「ウソはダメ」と否定するばかりでは、またウソを重ねることがあります。話し方や聞き方によってつくられる「その場の雰囲気」から、「この人には、本当のことを話しても大丈夫」と安心できたとき本当のことを話します。**「ウソをついたら絶対にダメ」という厳しい目より、「あなたの味方だよ」という温かいまなざしが、やがてウソをつかなくてもすむ環境をつくります。**

子どもがウソをつくことに、許せない気持ちが残っているときには、「逃げ道を持ってもいいよ」とあなた自身を許してあげてください。「心の逃げ道」を持ってもいいんです。正義感が強く正直者であることは素晴らしいことだけど、同時に裁判官のようにすべてをジャッジしてしまいがち。「良い・悪い」「正解・不正解」と2つだけの視点では、そこから続く道（未来）も、良い・悪いなど「どちらかの道（未来）」しか想像できません。「ウソをつくなんてダメ。このままではダメな大人になってしまう」「本当のことを隠すなんて、間違ってる。このままでは道を間違えてしまうのではないか」「この子は正直者で良い子だから、良い人生を生きられる」というように。その考えは、「間違い」ではありませんが、2つの視点だけでは、心が窮屈になってしまいそうですよね。

心の逃げ道とは、3つ目の視点を持つこと。さらに4つ、5つと視点の数を増やすことができたら、視野はぐんと広がります。視野の広さは、そのまま心の広さにもつ

ながります。

大人は子どものウソに気づかないこともありますが、子どもは大人のウソにすぐに気づきます。言葉以外のものを感じ取るからです。ついてはいけないウソは、自分に対してつくウソ、人を傷つけるためのウソです。自分の思いをなかったことにしたり、自分の感情をごまかしたり……。

大人は自分に対して平気でウソを重ねていることがあります。子どものウソに敏感に反応するときほど、自分のウソには鈍感。

正直者であろうとするよりも、自分に素直でいましょう。目指すのは「正しい私」より「私らしい私」。

子どもとの時間が十分取れていないような気がするとき

「あなたもお母さんに渡しているものがあるよ。ありがとう」

子育てをしながら仕事をする人が増えている昨今。全てのお母さんが働くことを選択するわけではありませんが、子育てはもちろん、生きていくにはお金がかかるもの。収入を得ることも、子どもを育てるためには必要なことです。その担い手を「パパが」「ママが」という性別的役割で分けることも減りつつあり、今や、家族はチームとなって、仕事も家事も育児もこなしています。理由の一つとして、働くということが収入を得るための目的だけでなく、一人ひとりが自己実現を果たそうとしていることにもあるでしょう。ワークライフバランスを自分一人の中だけでとるのは難しそうですが、パートナーや、サポートしてくれる人やサービスによって、負担を分け合うことで、自分なりのベストバランスを見つけていくことができます。

「子育て（生活）と仕事の調和」よりも、目指すのは「家族の調和」。誰か一人だけが負担を抱えていたり、誰かが我慢を続けなければいけない状態でいたら、家族のバランスは崩れてしまいます。「負担」や「我慢」は、目には見えないものだからこそ、数値化して見える化するのも良いでしょう。

仕事や家事の忙しさで、子どもとの時間が十分取れていないと「本当にこれで良かったのかな」と、自分の人生に迷いが出るかもしれません。「まだ働くのは早かったかも」「かわいそうなことしちゃってるのかな」と、ずしんと感じる罪悪感の深さは、あなたの愛情の深さを教えてくれます。そこにいるのは「かわいそうな子」と「ダメなお母さん」ではなく、「愛されている子」と「愛情いっぱいのお母さん」。そして、もう一人。「寂しい思いをしていた子どもの頃のあなた」がいることもあるでしょう。

とはいえ、「時間のなさ」は、その愛情の使い道も奪っていっているように感じてしまいます。

しかし、子どもがお母さんの温もりを感じたり、家族の愛情を感じたりするのに必要なのは、「時間の長さ」ではありません。

「いってらっしゃい」のぎゅっとハグも、「おかえり！　待ってたよ」の帰宅時の歓迎ムードも、「一緒にしよう」の少し足手まといに感じるお手伝いも、お風呂での「いつもの歌」も、寝るときの「トントン」も、あなたの「まなざし」「声」「触れる手」から、深い愛情は届いていくのです。大切なのは、「時間の長さ」よりも「温度」。「愛情」も目には見えないものだけど、数値化ではなく、「温もり」にして「感じられる形」に。あなたの優しいまなざし、あなたの安心する声、あなたの柔らかい手が、温もりとなって届いていきます。

「渡しているとき」は、「受け取っているとき」でもあります。子どもに、いくつものものを渡しているようで、それ以上にたくさんのものを子どもから受け取っています。

あなたが、その子から受け取ってきたものはなんですか？


子どもから受け取ってきたものに気づいたとき、「ごめんね」を感じる子育ては「あ

りがとう」を感じる子育てに変わっていくでしょう。

同じように、あなたも、お母さんにたくさんのものを渡せていたのだから。「ありがとう」の思いは、お母さんの胸の中にもきっとあります。

第 4 章

自分を責めているときにかける言葉

自分が大嫌いなとき

「『嫌い』を感じられるのは、『好きな自分』を知っているからよ」

7年ほど前、ある一人のママがこう仰いました。「私は、子どもの頃から、母に『自分に自信を持ちなさい。自分を好きでいなさい』と言われて育ちました。でも、私は一度も自分を好きだと思ったことはありません」と。

人の心のあり方は、指示や提案で育まれるものではありません。誰かを「好きになりなさい」と言われたからといって好きにはなれないように、「好き」も「嫌い」も個人の感性から生まれるもの。誰かに決められるものではありません。ましてや、「好き」も「自信」も感情ですから、維持し続けることは不自然です。「ずっと好き」や「いつも自信満々」というのは、心をごまかしている可能性もあります。

だから、今、あなたが自分のことを「嫌い」「大嫌い」と感じられることは、とても自然なことで、自分の心に素直でいられている状態なのです。

今、育児書では「子どもの自己肯定感を高めよう」という言葉が大流行り。自己啓発書では「自分を好きでいよう」という「考え方」が台頭しています。これらのポジティブシンキングを否定するつもりは毛頭ありませんが、「好きでいるのが良いこと」で「嫌いになるのは良くないこと」と、自分の感情を否定してしまう人がいるのではないかとやや心配になります。

「嫌い」という感情を感じられるのは、あなたが「好きな自分」を知っているからです。感情は、表裏一体。プラスがあればマイナスがあり、そのどちらかがなければもう一方も存在しません。

自分のことを「嫌い」と感じるあなたの気が沈み、落ち込むような気持ちになるのは、あなたが本当はあなたのことを「好きでいたい」と望んでいるから。

あなたは、「好きな自分」を知っているはず。それは、「自分らしくいられていると き」の自分です。

「心のあり方」は、「〜しましょう」「〜すべき」という指示や命令で育むことはできません。でも、あなたが感じる気持ちをそのまま肯定的に言語化することで、「あなたらしいあなた」でいられるようになります。

幼い頃は、誰もが、自分のことが大好きでした。感じるままに自分を表現することができたのです。赤ちゃんは泣くたびに、「お腹すいたの？」「抱っこしてほしかったんだね」と本人さえ分からない気持ちを、お母さんに代弁してもらいながら、自分の要求に何度も応えてもらいます。その繰り返しによって、生まれてから一番最初の心理的発達となる「基本的信頼感」が育まれます。「基本的信頼感」はアメリカの心理学者エリク・エリクソンが提唱した概念です。自分の存在を肯定的に捉えられる感覚で、人との信頼関係を築く土台となるものです。

大人になった私たちも、自分の感情を言語化し、そう感じる自分をありのままに受け入れることで、自分との信頼感を育んでいくことができます。自分との信頼関係が強固になるほど、「自分が好き」「自分が嫌い」と感情が揺れ動くこともあっても、自分を責めることなく、「好きでも嫌いでも、ありのままの私でいいんだ」という強い安心感となります。

あなたが自分らしくいられるとき、幼い頃に感じたことのある「ありのままの自分で良いんだ」という穏やかで幸せな感情で満たされるでしょう。

優しい気持ちになれないとき

「優しくなれないのは、何か理由があるよ」

些細なことが目について批判をしたり、人の失敗を許せなかったり、天気にまで悪態をつきたくなったり……。なんだか優しい気持ちになれないときは、がんばってるとき。今日だけじゃなくって、毎日まいにちがんばってるとき。誰もが毎日、自分なりの、自分ができることの精一杯を生きています。

子どももそう。あなたもそう。「優しくないなぁ」と自分の言葉や態度に感じるときは、そこにあるがんばりのガソリンが不安や焦りになっているとき。「このままではいけない」と、今の自分を認めることができないまま、がんばり続けています。

「ちゃんとしないといけない」と自分のことを見張り続けていたり、「このくらいまだまだ」と完璧を求めていたり、「みんなはできているから」「あの人みたいに……」と周りと比べて、ありのままの自分を受け入れることができず、苦しくなっているようです。

威圧的な言動や不機嫌な態度で、優しさよりも「強さ」で周りに分かってもらおうとする人も、本当は苦しんでいるのかも。

子どもたちが小さかった頃、家族で牧場に遊びに出かけたことがあります。そこには動物たちへのエサやりコーナーがありました。子どもたちはいっせいに、身体が小さなヤギに駆け寄りました。「かわいい！　このヤギさんにエサをあげる」と、エサを差し出すと、身体が大きくて強そうなヤギが、横から奪い取るように食べにきました。「ダメー！」とエサをあげるのをやめた子どもたち。

すると、大きなヤギは小さなヤギをツノで攻撃し始めたのです。子どもたちは、小さなヤギをかわいそうに思い、大きなヤギを怒りました。でも、本当にかわいそうなのは、どちらのヤギでしょうか？

私たち人が、小さなものをかわいいと感じるのは、小さく弱いものを守ろうとする無意識の反応なのかもしれません。では、大きくて強そうなものは守らなくてもいいのか？　私には、大きなヤギの攻撃的な態度は、強さを誇示したいのではなく、小さなヤギへの恐れに見えました。

同じように、人間のトゲトゲした言葉や態度も恐れの裏返しだと思います。

優しくなれないのには理由があります。その理由に蓋をしたまま、優しくなれない自分を責めているなら、その理由を掬《すく》い上げて、優しくなれないあなたを救ってあげましょう。「優しくない」と責めるのではなくて、手を差し伸べて救うとき。

まずは、「よくがんばってる自分」に気づいてあげて。

「いや、私はがんばってない」と自分を認められないときは、あなたの考え方に目を向けてみましょう。その考え方は書き換えることができます。

考え方を書き換える手順は次の通り。

1　まずは「優しくなれない＝がんばってるとき」という思考の方程式を採用して、少し気が緩まるのを感じてくださいね。「優しくなれない＝ダメなお母さん」という方程式は不採用。

「今、私が優しくなれないのは、たくさんがんばってるから」という言葉の力によって、自分の気分が変わることを体験してみてください。

2　次に、不安な気持ちや焦る状況があるなら、何が不安で、どうなることに焦りを感じているのかを明確にしていきましょう。漠然としたモヤモヤやイライラをはっきり言葉にするだけでも、気持ちは早く落ち着くものです。モヤモヤやイライラを正体不明のままにせず、正体をあばく勇気を持ってくださいね。不安の正体がわかると、恐れはシューッと小さくなるものです。

「意外とどうにかなりそう」「これを準備したら大丈夫」と思えるかもしれません。

あなたは、何を恐れていますか？　その答えを、受け入れてあげてください。

こうして、あなたがあなたに優しくできたとき、だんだんと心は満たされていくのです。心は認められて、満たされていく。

「優しい人でいよう」と努力する生き方は、その目標とずっと追いかけっこすることになり、やがて苦しくなります。

自分の気持ちより相手の気持ちを優先したり、自分の考えより相手の考え方に合わせたり、選択の軸を自分以外の何者かに委ねて「優しい人」であろうとしても心は満たされません。

無理をした優しさには「限界」があります。「優しい人」を目指さないで、自分らしく生きていくことを目指そう。人は自分らしくいられて初めて、心が満たされ、自分に優しくなれるから。自分に優しくなれたら、人にも優しくなれるから。

自分のせいだと思うとき

「あなたのせいじゃないよ。その人が抱える問題は、その人の中にあるよ」

何か望まない出来事や結果と遭遇したとき、私たちは、「自分のダメなところ」「できていないところ」が原因であると考える傾向があります。「私のせいで、こんなことになってしまった」という考え方は、「自分に自信がないから」という見方がありますが、別の見方をすると「私」という自分軸で物事を考えられる、ということ。主体的に生きるチカラを持っているからこその考え方なのです。

反対に、「あの人のせいで」「この子のせいで」と自分以外の人に、出来事や結果の責任があると考えているときは、人生の主導権を他者に渡している状態です。

もし、あなたが「自分のせい」だと思うのであれば、あなたがあなたの人生を生きようとしている証。落ち込む気持ちを持ってもいいけれど、それを長く抱える必要はありません。責任を感じる気持ちは、「今、私にできることは何なのか」「これからどうなることが嬉しいのか」と、次の展望を描き直す合図。

始まりは、いつも「今」にあります。未来への出発点は、過去ではなく今ここです。

「今、私にできること」を考えるときには、「自分が変えられること」と「変えられないことがある」と知っておきましょう。例えば、「これからする行動（未来のこと）」は変えられるけど、「これまでしてきた行動（過去のこと）」は変えられません。「自分の考え方（物事を見る視点）」は変えられるけど、「相手の考え方（相手の見え方）」を変えることはできません。雨が降る夜に「明日晴れたらいいな」と晴れた朝を想像することはできるけど、実際に、雨をやませることはできません。これを理解しておかないと、「変えられること」に時間を使わずに、「変えられないこと」に時間を使ってしまうことになります。「自分が変えられること」に時間を使えば、「変えられないはずのもの」に影響を与えることだってあります。

「私はこれからどうしたい？」「私はどうなることが嬉しい？」、そう自分に質問して、未来のために活かしましょう。

起きたことや過ぎた時間は元に戻せないけれど、もう一度子どもの頃の自分に会いにいくことはできます。もし、幼い頃のあなたが、「あなたのせいで」って誰かに責められていたり、言葉で責められていなくても雰囲気でそれを察して、自分を責めているならば、大人になったあなたが「あなたのせいじゃないよ」「その人が抱えてる問題は、その人の中にあるよ」「あなたはあなたができることをすればいいのよ」と、抱きしめるように言葉をかけてあげてください。責められたあなたが、今も、あなたを責め続ける必要はないのです。

誰かに迷惑をかけてしまったとき

「ありがとうの数を増やしていこう」

「人に迷惑をかけてはいけません」という言葉は、誰もが受け取ったことがあるでしょう。

ですが、そもそも人に迷惑をかけずに生きていくなんて無理なこと。誰しも少なからず、人に迷惑をかけながら生きているものです。「私は間違ったことはしない」「決して人に迷惑をかけない」といつも自分が正しいと思い込んでいることだって、誰かにとっては迷惑な話なのかもしれません。

失敗だってある。間違えてしまうこともある。苦手なこともある。嫌いなこともある。そんな私たちだから、助け合ったり、支え合ったり、分かち合ったり、何かを生み出したりすることができる。ずっと、そう思っていました。

でも、そんな私自身が「人に迷惑をかけないように」と生きてきたことに気づいた出来事があります。

あるとき、学校からの電話で、息子がよそ様にとんだご迷惑をかけてしまったことを知りました。「子どもが誰かに迷惑をかけてしまう」というのが、こんなに申し訳ない気持ちになるのだと、親になって初めて知った気持ち。それは「迷惑をかけないように」と日々気を張っていた自分の本心を教えてくれました。迷惑をかけられるより、迷惑をかけることの方が、ずっと辛いことを知ったのです。お相手に謝る機会をいただいたのですが、それがそのときの私にできる唯一のことでした。

よそ様に迷惑はかけてしまったけれど、「失敗したのが今で良かった」、「間違えたのが今日で良かった」、「親としてできることを探すよりも、この子が、これから自分でできることの数を増やそう」……、そんなことを学んだ出来事でした。

子どもの頃に失敗した経験、間違えてしまった経験は「ダメな自分」を知る機会ではありません。「迷惑をかけてしまった経験」としてだけじゃなく、「どうしたら良か

ったのか」を知る経験にも、「そこからどうしたら良いのか」を見つける経験にもなります。

大人になるまで、こうした経験がないことを親は望んでしまうけれど、迷惑をかけない人生はないからこそ、「申し訳ない」という思いを痛感した分、「ありがとう」の気持ちと出会う機会も増えるように思います。

子育てのゴールへと急いで近道などせずに、できるだけ遠回りして豊かな経験をする。いつか人と助け合って、寄り添って、支え合って生きていけるように。

あなたも、今、「ごめんね」「ごめんなさい」「申し訳ない」と誰かに対して思うことがあるならば、その言葉を「ありがとう」に変えてみてください。

心の内で、そうすることが難しいときは、紙やノートに書き出してみましょう。「〇〇ちゃん、ごめんね」は「〇〇ちゃん、ありがとう」に、「お母さん、ごめんなさい」は、「お母さん、ありがとう」に。迷惑をかけた数ではなく、ありがとうの数が増えていきます。

後ろ向きにばかり考えてしまうとき

「後ろを向く日があるから、行きたい未来が分かるのよ」

人生は、前にしか進めないものだけど、頭の中の考えは後ろを向いてしまうことがあります。「なんであんなことしてしまったんだろう」と随分前のことを後悔することもあれば、「なんであんな言い方してしまったんだろう」と、ついさっきのことを反省することもあるでしょう。過ぎ去った日々の思い出は、再び心を温めたり、ふと笑みがこぼれ「もう一度」と願いたくなるようなものもあれば、きゅっと胸を締め付け、「もう二度と起きませんように……」と願いたくなるものもあるかもしれません。

うまくいかないことが重なるときには、後ろ向きにばかり考えてしまって、「私なんて」とうつむいてしまうこと、「もういいや」とどうでも良くなってしまうことが、私にはあります。

そんなときには、とことん後ろ向きに考えてみます。落ち込むだけ落ち込んだら、ちゃんと「落ち着く」のです。そして、自分にとっての「最悪なパターン」を考えることで、自分にとっての「最高のシナリオ」を見つけることができます。

感情は、大切な情報を運んでくれるもの。後ろを向く日があるから、自分の行きたい未来が分かります。

マイナス思考になりやすい人ほど、「どうなることが嬉しいか」が分かる人。

マイナスな感情を抱えやすい人ほど、「自分にとっての喜び」に気づける人。

「マイナス思考」だと片付けないで、「プラスに考えよう」と無理矢理にポジティブに変えないで。ちゃんと「嫌だったこと」「悲しかったこと」「苦しかったこと」を受け取ってあげましょう。私たちは「体験」を通してこそ、「自分がどんな人生を歩みたいか」と出会えます。「なりたいママになろう」「理想の人生を描こう！」と頭で考えても、その問いは難解です。これまで歩んできた道で感じたことが、「どうしたいか」を教えてくれる未来への道しるべ。思い出の中にこそ、幸せに子育てをする素材も、幸せな人生を生きるための材料もあるのです。

「なりたいママ」を描こうとすると「今は、持ってないもの」「まだ足りていないもの」が見つかるかもしれませんが、「今、持っているもの」を考えると「なりたかったママ」になれている自分に気づきます。

「悲しかったこと」が、「喜び」を教えてくれます。

「嫌いなこと」が、「好きなこと」を教えてくれます。

「苦手なこと」が、「得意なこと」を教えてくれます。

「不安」が「安心」を、「不満」が「満足」を教えてくれます。

後ろを向くような考え方や、そこから引き出されるマイナスな感情は、行きたい未来への道しるべ。後ろ向きに考えてしまうのも悪くはないのです。

一度言ったことを取り消したくなるとき

「ごめんね。本当は、渡したい言葉があるの」

決して本心ではない言葉でも、その言葉を渡してしまうことができる私たち。「言わなければ良かった」と思うことでも「言い過ぎた」と思うことでも、どんなに悔やんでも、その言葉を取り消すことはできません。

間違えたと思うなら、「ごめんね」と謝りましょう。「本当はね」と本当に伝えたかった言葉を渡しましょう。取り消すことはできないけれど、間違いを認めること、本当に渡したい言葉で上書きして、伝えることはできます。

別の言葉で上書きしてほしいのは、あなた自身もその言葉に傷ついているから。

ぶつけてしまった言葉を、言ったそばから後悔したくなっているなら、それは、あなたにとっても聞きたくなかった言葉。傷ついた言葉。思わず口から出てしまった言葉を受け取る相手を目の前にしたとき、実は、自分も傷ついてるんですよね。

「使いたくない言葉」「渡したくない言葉」は、誰より自分が知っています。

「かけてほしかった言葉」「教えてほしかった言葉」も、誰より自分が知っています。

いつかの「ごめんね」を聞くことはできなくても、今「ごめんね」を渡す人にはなれます。「言葉」はバトンみたいに、次の代へと渡っていくものだけど、いつどんなタイミングでも選び直すことができるのです。

子どもの頃のあなたが教えてくれる「本当はかけてほしかった言葉」を受け取ることができたら、あなたの子どもにも渡していくことができます。

私たちがいなくなったときに、思い出と一緒に残るのは「言葉」です。

時々、考えます。この子が、白髪のおばあちゃんになったときにも、この言葉がその心を温めてくれるかもしれない、って。今、ちゃんと聞いているのかいないのかも分からない態度をするこの子が、いつか一人ぼっちの夜に、この言葉を支えにしてくれるかもしれない、って。その頃、私は、そばにいることはできないけれど。

お空の上からじゃ言葉を贈ることはできないから、今、あなたに渡せるうちに。あなたのそばにいるうちに。何度でも「ごめんね」や「ありがとう」の言葉を重ねられる関係の中で、本当に伝えたい言葉を渡していきたい。

言葉の使い方は、私たちにとって、生涯かけて学んでいくことなのだと思います。

人生はまだまだ中盤。未熟なまま親になった私だけど、自分以上に大切な存在との出会いは、親にかけてほしかった言葉との出会いにもなりました。

この道で正しいのか分からないとき

「自分で考えて選んだものは、生きている限り全部正解になるの」

「こっちでよかったのかな」「あのとき、あっちの道を選んでたらどうなっていたんだろう」、今日まで進んできた道に迷いが生じるとき。「こうしていれば」「ああしていれば」と、生きている途中で出てくる「たら、れば」は、他の道もあったのかもしれない、別の人生もあったかもしれないと、妄想がむくむく湧き出て、まるで霧に包まれたかのようにモヤモヤしてしまう。

でも、それっていくら考えてもただの妄想。だって「別の人生」なんてないんだから。あなたがこれまで過ごしてきた時間。それが、あなたの人生。あなたが選んできたこの道が、あなたにとっての正解なんです。

とは言っても、「そんなふうには思えない」という日だってあるかもしれません。そのくらい躓きを感じる日に、私が思い出すことがあります。

私は子どもの頃、祖父母と同居していました。おじいちゃんとおばあちゃんは、よくケンカをしていました。「おばあちゃんは、おじいちゃんを好きじゃなかったのに、親に結婚させられた」というのが母親談。

今は、「好きな人」と結婚するのが当たり前の時代だけど、「親が決めた結婚」があった時代。戦争も経験したおじいちゃんとおばあちゃん。今は、選択肢が多いことで悩みも増しているような世の中だけど、選択肢が一つしかなく「自分で選べないこと」がたくさんあった時代。

そんな時代を生きてくれたおじいちゃんとおばあちゃん。ケンカばかりする相手と結婚したことは間違いだったのでしょうか。

私は、そうは思いません。「決められたこと」の中で、精一杯、たくましく生きてくれた祖父母のお陰で、父が生まれました。父は幼馴染の母と出会い、そして、私の人生へと繋がっています。

人が生まれてから、「時間」が始まるのではなく、生まれる前から生きてくれた人がいて、「時間」はリレーのように繋がっています。

そんな時間の連なりの中には、「こんなはずじゃなかった」とか「間違えてしまった」と思うこともあったと思います。でも、今を、今の私やあなたが幸せに生きようとすることで、その前の時間を生きてくれた人たちの人生も、全部が「正解」になるような気がしませんか。

孫の私が「幸せだ」って生きてたら、おじいちゃんとおばあちゃんは笑ってくれると思うのです。自分たちの人生を「良かった」と肯定できると思うんです。

私だったら、そう思うから。孫や曾孫や玄孫……という時のリレーは、いつまで続くか分からないけど、笑顔でいてくれたら嬉しい。私がした失敗や後悔も、「良かった」って思えるくらいに。

もちろん、自分から続く時間じゃなくても、支え合って生きる私たちは、家族以外の人にも渡せるものがたくさんあります。一緒に暮らすペットがいるなら、小さな存在にもその愛を繋ぐことができます。大切な友人に、愛を注ぐこともできます。

同じ屋根の下に暮らしていたおじいちゃんとおばあちゃんは、私が小学生の頃に亡くなり、いのちには限りがあることを教えてくれました。「私が私でいられる時間」「私がこの家族と家族でいられる時間」は、「ずっと」じゃないことも知りました。おばあちゃんが楽しみにしていた朝の「連続テレビ小説」は、変わりなく次の日も続いていくのに、それを見るおばあちゃんはもういないのだ。そんな現実も教えてくれました。

たくさんのことを自分で選べる時代に生まれてきた私たちは、自分たちの幸せを自由に描くことができます。子どもとの関わり方、家族の在り方一つにしても、「こうしなければならない」と決まりきっていることはいのちと健康を守ることくらい。だから、今は、誰かの目には「間違い」に映ることだって、あなたが考えて選んだことなら、「正解」。「しまった」と思うことがあっても、その続きを「自分にとっての正解」

に繋げていけたら良い。

情報が溢れ、選択肢も多い時代だからこそ、他者の意見に左右されやすくもありますが、自分の軸が定まらないと心は不安定にもなりやすいから、自分が「どうしたいか？」に耳を傾けよう。自分で考えて、自分で選ぶことで、育っていく自分の軸。「自分を生きて良いんだよ」「幸せに生きてね」。前の世代から渡されたバトンを、受け取って、「私らしい子育て」を何年もかけて、「私らしい人生」を何百年かかったって「正解」にできたらいいよね。大切な人が笑ってくれるなら、きっとそれが「大正解」。

「私はダメだな」と自己否定してしまうとき

「『私が私で良かった』と感じられる日まで、時間をかけていいんだよ」

第1章で「私が私をどう見るか、セルフイメージは船」だとお伝えしましたが、イメージする船の姿は一定ではありません。大きな波や小さな波が繰り返し訪れるような毎日の中で、私たちは自信をなくしてしまうこともあるからです。

目の前に広がる大きな海は果てしなく、「私なんて」と自分の存在を小さく感じてしまうこともあります。そんなとき、「私って、なんてダメなんだろう」と自分を否定するような言葉をかけることがあります。自分を責めているとき、心はどんどんどんどん沈んでいきます。深くて暗い海から浮かび上がろうと「自己否定は良くない」と取り消そうとすると、もっともっと沈んでいきます。

でも、**大きな波にも飲み込まれない方法があるんです。それは、「私ってダメだな」と否定している自分を丸ごと受け入れる、ということです。「そう感じるときもあるよね」「そんな日だってあるよ」と、ネガティブな自分も丸ごと肯定していると、沈んでいた気持ちはだんだんと浮き上がってきます。言葉は、深く暗い海に潜らせようとすることもあるけれど、かけ方によっては浮き輪にもなるのです。訪れる波の大きさを変えることはできませんが、波にのまれるか、波に乗るかは「言葉」によって選ぶことができるのです。**

何かができるようになることで得た自信や、結果や成果を評価されて受け取る自信。そうした自分が獲得してきたものによって得られる自信は、その時々の波の状態によって変わりやすいもの。人と比べることで得られる自信は、一気に膨らむものでありながら、脆くもあります。

ですが、自分が感じること、思っていることを、ありのままに認め受け入れることで育まれる自信は、崩れることはありません。人とは比べられないもので得られる自信を育むには時間がかかります。

これからの日々の中でも、**あなたが「私って、ダメだな」と自分を責めていることに気づいたら、「今、育んでいる途中だから大丈夫だよ」と、安心させてあげましょう。「時間がかかる」ということは、「時間をかける必要がある」ということ。時間をかけた分、「私が私で良かった」と心が満たされ、人生という長い航海を楽しめるようになるでしょう。**

第 5 章

行動できないときにかける言葉

SNSの情報に不安になるとき

「不安になるのは、大切なものを持っているから」

不安になるのは、あなたにとって失くしたくない大切なものがすでにある証。あなたが「失うことを想像すると怖くなるもの」は何でしょう？

住む家や食べ物、お金などの目に見えるもの？　それとも「信頼」や「自信」など自分の内側にあるもの？　「元気な子どもの姿」「当たり前にある日常」など、自分の外側にあるもの？

「失うことを想像すると怖くなるもの」は、あなたがすでに「大切なもの」を、たくさん持っていることを知らせてくれます。

今、当たり前にそばにあるものを「大切なもの」と日々の営みの中では感じられなくても、天災や事故のニュースを目にすると、不安が襲いかかって「大切なもの」を抱きしめたくなります。失ってから気づくのではなく、「今」から大切にできるように。

不安は、私たちに「かけがえのない大切なものを持っていること」を教えてくれますが、これから起こりうるかもしれないことへの「対策」を考えるきっかけもくれます。例えば、大きな地震がくるかもしれないと不安になるから、防災グッズを用意したり、地震対策をして備えることができます。こうして「何に対して不安になっているか」が明確ならば、「できること」が見つかるので、不安を安心に変えていくこともできます。

実は、不安の多くは、正体が曖昧で漠然としているんですよね。

漠然とした不安が大きいと「怒り」となってそばにいる人にぶつけることがあります。それは、相手を守ろうとするためのことで、ときに、事故やけがを未然に防ぎ、子どもを守ることもできるでしょう。

でも、多くの漠然とした不安は、自分のため。悲しい思いをしたくないから。嫌な思いをしたくないから。恥ずかしい思いをしたくないから……。自分の心を守ろうとしても出てくるのです。

特に、子育ては、全部が「親になって初めてのこと」。初めてお母さんになるのだから分からないことだらけ。ただ、お母さんとしての経験はないけれど、私たちには「子どもだった経験」、「育てられた経験」があります。全てのことを覚えているわけではないけれど、自分の子育ての参考書は「自分の子ども時代」になる場合が多いようです。

その中でも、大きく心が動いた経験は重要な参考書になります。とっても悲しかったこと、嫌でたまらなかったこと、すごく恥ずかしかったこと。そんな「もう二度と味わいたくない気持ち」が、子育てと共に記憶の奥から引き出されてきます。それを避けようと湧き出てくる「不安」という感情が「そうならないように」「そっちにいかないように」と、守ろうとするのです。

ただし、親と子どもが持っている人生の地図は全く違うもの。不安な気持ちから、先回り行動で子どもを守ろうとすると、子どもの体験を奪ってしまうことにもなります。そうは言っても、悲しい気持ちを味わわせたくないし、恥ずかしい目にも遭わせたくないですよね。あなたの心を守ろうとする不安を「気のせいだ」と紛らわせる必要はありません。

「今、不安でいっぱい」と落ち着かない気持ちを感じたら、「今、絶対に失いたくない大切なもの」をすでに持っていることに目を向けてみましょう。そうすると、自分が何に不安になっていたのかが明確になっていきます。頭の中で考えるよりも、紙に書き出してみるのがおすすめです。「私は、これまでこれを大切にしてきたんだ」と、目に見えないものを視覚から受け取ることができます。

その中から**「これからも大切にしていきたいもの」を選んでみましょう。そうやって、あなたを育ててくれた人とあなたとの間に生まれた「子育ての参考書」を、あなたとあなたの子どもとの関わりの中で書き換えていきましょう。だって、後にも先にも世界にたった一組の親子。自分たちの間に「どうするか?」を見つけていくのが、子育てなのだから。**

子どもの挑戦が心配で応援できないとき

「結果じゃなくて、経験することに価値は宿るよ」

子どもが、新しいことに挑戦すること。それはとっても素敵なこと。「自分が何をしたいか」「自分がどうしたいか」の欲求に気づく力は、人が生きていくうえでとても大切な力です。でも自分が経験したことのない未知の世界を、わが子が歩んでいくことに心の底から応援できない。それが険しい道ならなおのこと。危険からわが子を遠ざけたいというのは親の自然な心理です。

そもそも私たち人間は、「未知なるもの」を、「危ない」とか「怪しい」と感じやすいものです。未知への恐れからわが子を守りたいという思いとは別に、家庭の事情によって、今はその思いをサポートできないということもあるでしょう。応援や後押しができないときは、そうした親側の「思い」や「事情」を伝えることも必要です。

でも、その思いや事情が単なる「思い込み」である場合もあります。私たちは、誰しも前の世代から受け継いだ「この道を辿れば幸せになれるはず」という人生の地図を持っています。その地図に示されたルートをわが子が進んでいると、親は安心していられますが、子どもがそのルートから外れようとすると途端に心配してしまいます。

わが子に幸せな人生を送ってほしいから、既知のルートに戻そうとします。でも、本当は、**幸せに生きるためのルートは一つだけではありません。いくつもいくつもあります。行ってみて違ったらまた変えることだってできるし、やってみて失敗したからといって、その先は行き止まりではありません。生きている限り、人生の行き止まりはなく、その先には、そこからしか向かえない「続き」があります。**

ときには自分の人生に行き詰まって「行き止まり」を感じることがあるかもしれません。私の元にも、「これから、どうしたらいいのか分からない」「自分が何をしたいか分からない」という相談は多く寄せられます。

唐突ですが、あなたは子どもの頃、「やってみたい」と興味が湧いたこと、「まだまだやりたい」と夢中になったことはありましたか？　私が夢中になったのは、草花のご飯に泥水のスープを作るおままごと。もう少し大きくなると、ピアノや習字、英語塾……とやりたいことや大好きなことはたくさんありました。でも、いつしかそれらを人の成果と比べて「できていない」と感じたり、「向いてないかも」と思い始めたり、「続けても何にもならない」とやめてしまった経験があります。何かに挑戦する理由や、何かを続ける理由が「好きだから」「楽しいから」だけでは続けることができなかった。好きなのに、人と比べて劣っているからと諦めた気持ち。そんな諦めの経験は、楽しんで生きることをじゃまする「思い込み」となることがあります。「自分の思い」で何かを始めようとすることより、「何に繋がるか」と結果や将来を考えて選択する方が安心できる……というように。本当は、人より上手になれなくても、ピアニストを目指さなくても、「好き」の気持ちだけで続けてよかったんですよね。

「思い」を「考え」で蓋をすることに慣れて大人になった私たちは、頭で考えることばかりが増えていき、心で感じることを忘れてしまいます。

そんな私たち大人に、好きなことに没頭する子どもの姿は、「感じる心」を取り戻させてくれます。子どもが夢中になっている姿にワクワクし、子どもが緊張している姿にハラハラし、子どもが悔しがっている姿にチクチク胸が痛んだりして。「これまで持っていた考え」や「これまで正解にしていた生き方」では、蓋をすることができないくらい、ワクワクもハラハラもチクチクも自分の心から溢れ出します。溢れるほどの「感じる心」を取り戻したときこそ、「考え」をいったん脇に置いて、挑戦しようとするわが子の表情、その目の奥の光を見てみてください。「将来のこの子」ではなく、「今のこの子」を見つめて向き合う時間は、いつか遠い日に置いてきたあなたの「思い」と出会い直す時間にもなるかもしれません。あなたが選べなかったことを、子どもに選ばせてあげることができるかもしれません。

どのルートを辿るときにも「その場所でしかできない体験」「そのときにしかできない体験」があります。「そこでしか出会えない人」だっています。子どもの頃のあなた

が選んでくれた一歩や、選ばなかった一歩が、今日に繋がっているように。

「どこに辿り着くのか」という「目的地」を、生きることの「目的」にすると、ずっと何かを自分に課したまま生きることに。そんな重荷が「行き詰まる」原因になることがあります。子どもにとっての喜びは、夢中になって取り組んでいる「今」にあることを、あなたも知っているはずです。あなたの中にもあったそんな喜びを、目の前の子どもはもう一度見せてくれます。描いた夢を追いかけるより、今夢中になることの喜びを。

子どもの「やりたい！」を応援できないとき、自分にも「やりたい」「知りたい」「行きたい」があったことを忘れてしまっているのかもしれません。あなたの「やりたい」や「行きたい」という思いにも「それ、いいね」って、「がんばれ」って応援してあげてください。「今は無理」だというときは、その時期を考えてあげて。「私には無理」と感じるときには、「好きなことをやっていいんだよ」「結果じゃなくて経験することに価値は宿るよ」と言葉をかけてあげてくださいね。

元気がないとき

「今日、何を食べたい？」

子どもの元気がないとき。「あれ、いつもと違う」ってお母さんはすぐに気づきます。表情や声、態度などの目や耳で受け取る情報だけでなく、雰囲気からも「何かが違う」と気づける母の直感。これ、なかなか侮れません。

子どもが、小さな頃。まだ熱は出てないのに「なんだかいつもと様子が違う」と早めに寝かせ、夜中に高熱が出て「やっぱり」と思ったことがありました。「ただいま」の声が小さくて、「何かあったな」と感じた日は、やっぱり「何か」がありました。当たってほしくない予感が、見事に的中したことも……。

そんなとき「何かあった？」と話を聞いても、「べつに……」とそっけなく答えて

「これ以上聞かないでほしい」という顔を見せることもあります。その態度にまた胸がざわつき、頭の中では緊急事態のサイレンが鳴り響きます。「どうしたの?」「何があったの?」と、問いつめたくなるのをグッと我慢。

子どもにだって「知られたくないこと」はある。親だから子どもの全てを知っておくべき、ということはありません。全てを知ることが親の責任ではありません。私たちも、子どもの頃に、全てを親に打ち明けていたわけではないように、子どもにも子どもなりの事情があります。秘密にしておきたいこともあります。

大事なのは、子どもの全てを知っておくことでも、子どもが元気をなくしたその理由を解決してあげることでもありません。必要なのは、子どもが、本当に困ったときに、「聞いて」と話せる空気、助けてほしいときに「助けて」と弱音を吐ける空気をつくること。そして、こうやって「元気じゃなくてもいい」、そのままでいられるお家という居場所をつくること。

いつも元気でいること、笑顔でいることを期待されると、その期待に応えようとがんばり続ける子がいます。

私たちは、悲しいのに笑ったり、嫌なのに平気なふりをしたり、気づいているのに気づいてないふりをしたり、分かってないのに分かってるふりをして、本音とは「違う顔」をしてしまうことができます。

子どもたちが、「違う顔」ではなく、本音の「そのままの顔」をしていられること、それはとても幸せなことだと思います。「そのままの顔」を見せられる人が、あなたなら、それまで築いた関係があるからこそ。ほっとできる場所があるからこそ。あなたが元気でいてくれるからこそです。

そんなときこそ、いつも通りのあなた、いつもと変わらないお母さんでいましょう。変に気遣ったり、心配し過ぎてしまうと、子どもは自分のことより「お母さんを元気にすること」を優先してしまいます。まだ幼いうちでも、感受性の強い子はそうすることができます。

「私も、そうだったな」と子どもの頃の自分を思い出すあなたは、「子どもが元気がないのに、いつも通りになんてできない」と思うかもしれません。感覚や感性の違いは、生まれ持った違い。その感受性の強さは共感性の高さとして「母の強み」として活かすことができます。きっと、子どもが元気がない理由もなんとなく察することができてしまうあなた。「お友だちとのことで落ち込んでるんだな」「昨日のこと、とっても悔しかったんだね」というように、言葉にしなくても分かってあげられるはず。そんなあなただからこそ「言葉」以外で寄り添うことができます。いつもと変わらぬ食卓のおかずを、その子の好物にしたり、「疲れてるなら、マッサージしようか？」と（何かを背負っている）背中や、（その子を支えてくれている）足に触れることもできます。まずは「心のお家である身体を健やかに……」と願いを込めて、「食べること」や「触れること」でケアすることができます。

食事は心の交流の時間。祝福のときにも、悲しみのときにも、食卓を囲み、分かち合い癒し合う風習は、古来受け継がれたもの。そこに「言葉」はなくとも、ほかほかのご飯に涙が溢れ出すくらい心が緩まることもあります。

「元気を出して」という言葉がいらないのは、あなたも同じ。元気がでないときには、元気を出そうとするのではなくって、食べたいものを用意したり、早めに身体を休めたり、家族に甘えて、本音で素顔のあなたを大切にしてくださいね。

一歩が踏み出せないとき

「小さな歩幅でいいのよ。帰る場所はいつもここにあるからね」

「やってみよう」「やってみたい」と思ったのに、そこから一歩を踏み出すのってドキドキしますよね。

「思い」から「行動」に移すまでに時間がかかればかかるほど、ドキドキと考える時間は長くなります。身体を動かさず頭だけを動かしていると、踏み出すのはもっともっと怖くなります。

子どもの方が、何かを始めたり、新しい一歩を踏み出す勇気を持っています。「これなんだろう？」と思ったら、もうそれに触れていたり、「あっちに行ってみたい」と思ったら、走って行ってしまったり。「もう少し考えてから行動しなさい」「もっとよく考えてから決めなさい」と、大人が言ってしまいたくなるほどに。

子どもへのこの言葉、実は自分自身にもかけている言葉なんですよね。新しい道へ進むことよりも、先回りして考え、リスクが少ない現状に留まろうとします。

変化を嫌う私たちの脳は「このままで良いんじゃない？」「今のままで充分だよ」と、自分が変わることや状況が変わることを止めようとします。例え、自分が今に満足していなくても、変えたい事情があっても、「このまま」を選択しようとするのです。

そんな脳の仕組みに気づいたら、自分の「思い」を思い出してみましょう。「どうして新しい一歩を踏み出そうとしたの？」「どうしてその道を選ぼうとしたの？」と。「思い」というのは、自分にしか分からないもの。「思い」は、あなたがその一歩を踏み出す「理由」。二歩目へと進み出す「目的」。その「思い」を手帳やノートに書き出したり、付箋に書いて貼ったりして、いつでも目に入るようにしましょう。自分が忘れたら、他に誰も思い出してくれる人はいないから。その「思い」が消えてなくなってしまう前に、言葉にして書き留めておきましょう。もちろん、「思い」が変わることだってあるから、そのときは書き換えましょう。

最初の一歩は、ほんの小さな一歩でいい。歩き始めたばかりの小さな子どもみたいに、小さな歩幅で一歩いっぽ歩んでいきましょう。「歩くのが怖い」「行きたい場所なんてない」と、歩くのを止めようとする子どもはいません。あなたが赤ちゃんだった頃、しりもちをついて転んでも、何かにぶつかって倒れても、また立ち上がって、前に進んできたはず。人生の始まりは、みんな小さな一歩からでした。たくさん失敗して、痛い思いだってしたのに、ただ歩くことが楽しくって、行きたい場所に行けることがうれしくて、「やってみたい！」という自分の意欲が叶う喜びを感じていました。

意欲の材料になるのは「見えるもの」「聞こえるもの」。小さな子どもにとっては、自分の視界が自分の世界のすべて。子どもは、昨日の「失敗」なんて気にもかけず、今目の前にある「やりたい」にただただ貪欲。昨日の痛みを引きずる大人とは真逆です。

目に映るものに手を伸ばし、未知なる道へ歩みを進めることができるのは、いつも帰る場所があるから。振り返ったら、そこにお母さんがいるから。

お母さんの腕の中やお膝の上で過ごす時間より、離れる時間が増えていくのと同時に、言葉の数も増えていきます。好奇心や探究心もぐーんと高まる時期です。子どものチャレンジは喜ばしいことですが、ときにその結末は、大人にとって都合の悪いこともあります。

コップをひっくり返してテーブルの上に水たまりを作ったり、自分で運ぼうとしたお皿を落としてしまったり、お風呂上がりに自分で服を着ると言い張ってくしゃみが出たり。そんなとき、親からは「～～したかったんだね」と共感されるより、挑戦を責めるような言葉が増えていきます。

「だから言ったじゃない」「ほら、やっぱり」と、大人が先に「こぼすよ」「落とすよ」「風邪ひくよ」と予告していた結末が「正しかった」と証明するかのような言葉をかけられます。

すると、子どもの中でも、「ほら、やっぱり」とネガティブな結末と結びつけようとする思考の癖によって「一歩」が重たく慎重になってしまいます。でも、**本当は子どもの頃のチャレンジに「失敗」なんてありません。人生を歩み始めた私たちがしたか**

ったのは「体験」。「体験できたこと」もうそれが成功。大成功です。

大人になった今、転んでも傷ついても、安心できる人の腕の中やお膝の上には帰れないけど、自分の中の「思い」には、いつでも帰れる。大人が「帰る場所」は自分の中にある「思い」です。踏み出した先で、疲れたらそこに戻れば良い。帰る場所はいつもここにあるからね。そう自分に言ってあげることで、安心できる場所を自分の中につくることができます。

一歩からしか道は進めません。小さな一歩は、あなたをどこに連れて行ってくれますか？

それでも、踏み出すのが怖いときは、つま先の向きを変えてみましょう。それだけでも、目に映るものが変わってきますよ。

うまくいかなかったとき

「これまで十分がんばってきたね。よくやってるよ」

子どもが挑戦してうまくいかなかったとき、がっかりしているのは親の方かもしれません。でも、子どもが「やってみたこと」「体験したこと」に、「よくやった！」と声をかけてあげてほしいのです。「すごいね」「上手だね」という評価ではなく、ありのままのその姿を、言葉と結びつけてぎゅっと抱きしめてあげてください。

子どもが残念な気持ち、悔しい気持ち、後悔の気持ちを抱えているなら、それを早く取り除きたくなってしまうものですが、それらを抱えたままでいる時間を十分持たせてあげましょう。悔しさを抱えたまま過ごす時間は、「私は私でいいんだ」という気持ちを育むことができます。案外、子どもの方がすぐにけろっとして、親の方が引きずっていることが多いのですが。

なんでもそつなくこなせる子や、いつでも和を乱さずみんなと同じようにできる子、人を引っ張るのが得意な、人より一歩先を行く子もいるでしょう。わが子が輝く姿や成長する姿はとても嬉しいものだし、周囲や環境に馴染んでいる姿は親にとっては安心材料です。反対に、みんなと同じようにできなかったり、輪の中に入れずにいたり、がんばっても上手にできないわが子の姿は、不安材料です。人は「同じ」に安心しやすく、「違い」に不安になりやすいから。

でも、よく考えてみて。上達するまでに時間がかかる子もいます。同じクラス、同じ年齢の子どもであっても、「みんなで力を合わせてがんばろう」「クラスで優勝目指そう！」「やればできるよ！」、そんな言葉や雰囲気に、絶望的な気持ちを抱える子もいます。運動会が楽しみな子もいれば、運動会の日に雨降りを願う子もいます。発表会を楽しみに待ち望む子もいれば、発表会の日が近づくとお腹が痛くなる子がいます。みんなと同じようにできないことに、傷ついている子がいます。雨降りを願う子を、「ダメな子」「困った子」にしたくはないと思います。

本当に大事なのは、何かを立派に成し遂げる大人になることでも、なんでもうまくできる大人になることでもありません。その子が自分を大切にしながら生きていけること。「私は私でいいんだ」と自分で自分を受け入れられること。

「上手さ」や「勝つこと」、「みんなと同じようにできること」に、親がこだわったままでいたら、子でもだけでなく親もしんどさを抱えてしまいます。子どもが「もっと上手になりたい」とか「次は、勝ちたい！」と思ったときに、子どもががんばることを選べるようにしてあげたらいいのです。次の「がんばる」も「めいっぱいがんばる」も、「もうがんばらない」も自分で選んでいい。自分を大切にするって、自分や人のために「がんばること」でも、無理をしないように「がんばらないこと」でもありません。どっちだって、自分で選べることが大事ですよね。

それはあなた自身についても同じで、がんばり過ぎるときがあってもがんばれないときがあっても、全てのことをうまくできなくても、「これまで十分がんばったね」「よくやってるよ」と、子どもやあなたが選んできたこと、やってきたことに言葉をかけてあげてくださいね。

怖くてたまらないとき

「お母さんがいるから大丈夫」

怖くてたまらないとき。その怖さの根っこには、大きく傷ついた経験があるかもしれません。ときにその大きな傷は、いのちの存続を脅かすような恐怖を引き起こし、心を守るために、その先へは行かないようにと身を守ります。何かにおびえる子どもに、その気持ちの大きさを勝手に測って、「それくらい大丈夫よ」と声をかけてしまうことがあります。でも、それは、その子が感じている恐怖を否定してしまうことになります。「大丈夫じゃない」から「怖い」のに、「それくらい大丈夫」と蓋をすると、その恐怖は行き場を失くしてしまいます。恐怖を取り除き、心を落ち着けるには、その感情をそのまま認めてもらう経験が必要です。「それは、とっても怖かったね」「そんなに怖い思いをしたんだね」と受け入れてもらうことで、だんだんと「大丈夫」に変わっていきます。「怖がってもいいんだ」「こんな自分でも良いんだ」「気にし過ぎなんじゃなくて、これが私の気持ちの大きさなの」と、自分で自分の状態を受け入れられるようになるからです。

怖くてたまらなくなることに、大人ができる工夫や配慮があるなら、それを一緒に見つけていくことも必要です。子どもにとって、「自分の視界が自分の世界のすべて」と言いましたが、子どもの世界はとっても狭いのです。「どうすることもできない」「これが全て」とも思いがち。大人が見えている範囲と、子どもが見ている範囲は大きく違います。子どもが見ている世界に視線を合わせて見ると、そこに恐れを抱く原因が見つかるかもしれません。取り除けそうな原因があるならば、「どうしたら取り除けるか?」、周りの大人がサポートしてあげましょう。

子どもに手渡したいものは「生きることの大変さや苦難」「世の中の不条理」ではなく、「生きることの喜び」です。私は「生きることは楽しい」ってことを、子どもたちに一番プレゼントしたい。

守られる体験、助けてもらう体験が、未来への希望を生みます。手を差し伸べてくれる人がいることで「大丈夫」って思える。助けてもらう体験が「大丈夫になる体験」になる。どうにかなる。どうにだってなる。子どもの心の根に、根拠なき安心感を育めたら、いつかまた怖くてたまらない日が訪れても、自分で「大丈夫、大丈夫」と「安心できる魔法の言葉」を唱えられるようになります。

大人にだって、怖くてたまらないこと、ご飯も喉を通らない日や、眠れぬ夜を過ごすこともあるでしょう。そんなときに、過去の大きな傷つきを無理に掘り起こし、一人で過去の自分を助けに行く必要はありません。望まない未来を想像して、不安を大きく膨らませる必要もありません。

「大丈夫、大丈夫」と、寄り添うのは今ここにいる自分。「大丈夫」である理由は、今、あなたがここにいること。目の前に立ちはだかる大きな壁に足がすくんだ日も、出口の見えない真っ暗闇のトンネルの中を歩くような日々も、あなたはぜんぶ通り抜けて、ここまでやって来たのだから。暗闇を照らしてくれた人や、後ろから支えてくれた人、遠くから見守ってくれた人、あなたを助けてくれた人がいるはず。そして、今、あなたのそばには、守りたい人がいます。

相手の気持ちの大きさを勝手に測ってかける「それくらい大丈夫」という言葉は、「否定」になるとお伝えしました。

でもね、「大丈夫。私がいるよ」と、自分の存在を理由にして一緒に渡すことで、否定ではなく、安心の言葉になります。

「ママが、そばにいるからね」「ママがいるから大丈夫」と。

子どものいのちを守っていけるか、親の気持ちが伝わっているか不安になるとき

「生まれてきてくれて、ありがとう」

いのちのはじまりは、わずか0・13ミリ。目にやっと見えるか見えないくらいの小さな大きさで、いのちの旅は始まります。少しずつ大きくなっていくいのちは、やがて手足を動かし胎動となって、そこに「いること」「生きていること」を教えてくれます。

親になる喜びも育てていくことの不安も、どちらも抱えて、そのいのちを守り育むお母さん。産院で心臓の音が聞こえたら、それだけでほっとして、「生きている証」は喜びを与えてくれました。

赤ちゃんが生まれると、昼夜問わず休みなく育児は始まります。何をやっても泣き止まなくて、抱っこしたまま朝を迎えたり。おっぱいが上手に飲めない小さな赤ちゃ

んに、悪戦苦闘してへとへとに疲れたり。生活のリズムが変わる上に、ホルモンバランスだって変化するから、喜びも不安もジェットコースターみたいに動きやすいとき。理由もなく涙がこぼれ落ちることも、ほとんどの産後の女性が経験します。

こうした体の変化は「育てるために起こるもの」だけど、些細なことで不安になってしまう自分、小さなことをいつまでも気にしてしまう自分に、嫌気がさしてしまうことだってあります。「自分が自分じゃないみたい」なのも、当然。「お母さん」という未知なる者に身体も心も進化しているのだから。

腕に眠るまだ小さな赤ちゃんを見て「ちゃんと守っていけるかな」「しっかり育てていけるかな」「ちゃんと愛せるかな」と不安が芽生えるのも、進化の証。守りたいからこそ、愛情を注ぎたいからこそ湧き出る「お母さんの気持ち」。母になって初めて知るあなたを産んでくれた人、育ててくれた人の気持ち。

「お母さんなんだ」という実感がなかなか持てず、不安や焦りで気持ちが下へ下へと落ち込んでいくときに、思い出してほしいことがあります。

小さないのちがお腹に宿ったのを知った日のこと。はじめて心拍が確認できたときのこと。女の子か男の子か性別も分からない頃のこと。どんな顔をしているかも分からない、何が好きで何が嫌いか、何が得意で何が苦手か、どんな性格をしているのかだって分からない。その子のことは何一つ分からなかったはず。

ただ、どんな子かも分からない赤ちゃんだけど、一つだけ分かっていたことがあります。それは、「生きている」ということ。「今、ここにいる」ということです。「ここにいのちがある」というたった一つの理由だけで、何も分からない赤ちゃんを「産もう」と決めたんですよね。それって、どれほどの愛の強さでしょう。

人生を共に生きるパートナーも、その約束ができたのは、一緒に生きていきたい理由がいくつかあったから。顔も見ていない、どんな人かも分からない、何を持ち合わせているかも分からない、そんな存在に愛が芽生えるなんて、わが子以外にないですよね。なんの理由もなく「ここにいる」。ただそれだけで、お母さんになることを決めたあなたには、大きな大きな愛があります。まずは、そのことを自覚してくださいね。

子育ての中でも、わが子に常に手渡していたいのは「あなたの存在が大切」だという思い。子どもにとっても「私は大切な存在なんだ」と心の奥底で感じられることは、最も大切なこと。思春期頃になると「生きているだけ」「ここにいるだけ」では、自分の価値がわからなくなってしまうときがあるから。持ち物や才能、評価、容姿など、人に「見てもらえるもの」＝「認めてもらえるもの」の中に、自分の価値を探そうとする時期があります。そして、それを見つけ出すことができなければ、自分らしく生きていくことの勇気を失くしてしまいます。

でも、長い人生では、思うような評価を得られないことも、どれだけがんばっても認めてもらえないこともあるかもしれません。行きたい学校に入れなかったり、好きな人に振り向いてもらえなかったり、「挫折」のように感じることもあるでしょう。そんなときに自分を支えてくれるのは、「できることの数」や「手にしてきたものの数」ではありません。ただ「生きているだけの自分を認められる力」です。

あなたが今、赤ちゃんを育てているなら、「今日一日何してたんだろう」と思うような「何にもできなかった日」もあるかもしれません。赤ちゃんとの一日は本当にあっという間だから。でもね、「何にもできなかった」と思う日ほど、その子のいのちを守った日。「生きているだけの自分を認められる力」を、その子の中に育んだ日。**「あな**

たが大切」と言葉で伝えること以上に、今日まで何百回と繰り返した抱っこの中に、何千回ものおむつ替えの中に、何万回もの「ママ」と呼ぶ声に振り向くあなたに、「あなたが大切」という思いは宿り、条件などない愛情をその子の心に届けているのです。

もちろん言葉で伝えてあげるのもいい。「生まれてきてくれてありがとう」「あなたがいてくれて嬉しい」、何度も何度も伝えてあげましょう。「その言葉、もう聞き飽きた」「そんなこと当たり前」と言われるくらいに。「愛されることは当たり前」と思えるなんて、なんて素敵なことでしょう。

あなたがお母さんになった日。「お母さんになる条件」は課せられなかったはずです。「優しいお母さんだから」「お料理が上手だから」「テキパキ仕事をこなせるから」などの理由であなたの子どもは生まれてきたのでしょうか？

存在していること、今ここにいることって、決して当たり前ではないんですよね。「有難い」って、「有るが難しい」ということ。

あなたが、あなただから。その子は、ここに生まれてきました。あなたが通ってきた人生があるから、家族になれました。あなたがあなたでいること、それがその子と出会えた理由です。

遠回りしているように感じるとき

「その道を通ることでしか見えない景色があるよ」

最速で目標を達成したい。最短で夢を叶えたい。「タイパ（タイムパフォーマンス）」という言葉が表すように、効率やスピードを重視する風潮の中で、本当に大切なものを見失いそうな気がしているのは私だけでしょうか。

子どもの成長を見ていると、発達のスピードはそれぞれに違うもの。なのに、どうしても大人の物差しでは、「早い方が優れている」「遅い方が劣っている」と判断してしまいがちです。

赤ちゃんからの発達のステップは、首が据わって、寝返りをして、ずり這い、ハイハイ、その間に腰が座り、お座りができるようになって、やがて自分の足で立って歩けるようになります。でも、その成長の過程には個人差があります。一つのステップをゆっくりじっくり時間をかけて進む子もいます。「ママ」と言い始めるのも、丸いお顔に手足を書き足した絵を描き始めるのも、個人差があります。

「この子には、この子のスピードがある」と思えずに、「みんなのスピードに合わせなきゃ」と思うのも、社会がお母さんにそうさせているのかもしれません。

「早く早く」と急ぐとき、あなたの目は「先」ばかりを見ています。「まだかまだか」と焦るとき、あなたの目は「みんな」を見ています。目の前のわが子を見ることはできていません。

とんとんと軽い足取りで階段を上っていくような子と比べて、随分と回り道をして、遠い道のりを歩いているように見えるわが子に、「大丈夫かな」と随分先の将来まで心配する気持ちが湧き出るかもしれません。

でも、今そこにある目の前の景色を眺めてみましょう。その道でしか見えない景色があります。遠回りする分、見えること、分かることだってあります。

「のんびり」や「ゆっくり」の中に見える、他の子との違いが「その子らしさ」。「違い」にこそ、「良さ」があります。

これを、私に教えてくれたのは一番上の娘でした。赤ちゃんの頃のゆっくりマイペースは、今でも、この子のペース。この子だけのリズムです。上の娘は誰かに合わせるには、少し「がんばり」が必要です。他の人にとっては、がんばるまでもなく当たり前にできることも、この子には、がんばりが必要。「空気が読めない」と言われることもありました。私はというと、子どもの頃から「空気を読み過ぎて、読めないふり」をしてしまうほど、周りを気にして疲れてしまい、家族に八つ当たりしていたタイプ。だから、娘のことを「すごいな」って思うのです。傷ついたこともあった娘ですが、それでも自分らしくいることを選んでいた娘の存在は、「傷つくくらいなら」と、人に合わせることを選んできた私の誇りでもあります。

でも、そんな私だったから、入園予定だった幼稚園のプレクラスの帰り道。みんなは輪になって歌を歌えているのに、その輪に入ることもできなかった娘に「どうして、できないの?」「みんなはできているのに、どうして?」と言ってしまったことがあります。今、思い返しても、小さな娘のところに行って、「大丈夫だよ」「それで良いんだよ」「できなくても良いし、できるときだってくるからね」と抱きしめたくなる場面。

みんなができることや、私にはできたことが、「この子にもできる」ことは決して当たり前じゃないのに。私の中の「できて当たり前」の数が、子どもが成長するたびに、増えていたことに気づきました。幼い頃、お母さんとお父さんに笑っていてほしくて、がんばり屋だった自分のことを思い出しました。

そんな私にとって、初めての子育てで救われた点は、「みんなと同じペースで」という私の願いに添うことなく、「自分のペース」で娘が前に進んでくれたこと。どこまでもマイペースな娘を見て、「あなたはあなたのままでいいんだよ」という思いが生まれたこと。

できるようになるまで、人より時間がかかること。がんばってみたけど、みんなと同じようにはできなかったこと。それが、それぞれにあることの方が自然。

その子だから見える景色がある。この子が見せてくれた景色がある。ゆっくりのんびりと歩く道のりで、しゃがんで見た道端の小さな花も、追いかけても捕まえることのできなかったモンシロチョウも、どこかの家の晩ご飯の匂いを運んでくれた夕風も、雲に隠れてなかなか顔を見せてくれなかった満月も、この子がこの子でいてくれたからこそ見せてくれた世界は、私にとって今も宝物。

「遠回り」と思える道にこそ、受け取れるものがあるからね。のんびりのまま大人になったあなたにも、人に合わせようとがんばってきたあなたにも、届きますように。

焦って空回りしているとき

「ゆっくり深呼吸。ふ〜っと息を吐いたときの自分らしい自分でやってみよう」

「どうにかしなきゃっ!」と焦ってがんばればがんばるほど、空回りしてしまう。そんなときは、状況を変えようと何かをするよりも、一休みしましょう。「変えよう」とするときって、「このままではいけない」と思っています。今の自分や状況を受け入れることができていない状態です。このままの状態で行動しても、うまくいかない渦の中にぐるぐると飲み込まれてしまいます。

あるとき、焦っているときにこそ、重大な何かを決断しようとしたり、無理をしてがんばろうとしたり、頭からずーっとそのことが離れず考え込んでしまう自分に気づきました。以降、心ここにあらずで焦っている自分に気づいたら、その渦中では「決めない」「進まない」「考えない」と決めました。

でも焦りの渦中で、考えや行動を制限しようとするのはなかなか難しいもの。そこで私がひねり出した解決策は、身体から心に働きかけること。

焦っているとき、人は呼吸が浅く、速くなっているもの。一度ゆっくり深呼吸をして、自分の自然な呼吸の速さに戻していきましょう。

ふ〜っと息を吐ききったときのリラックスした状態が、あなたらしいあなた。

温かい飲み物をゆっくり飲んでほっとしたり、温かいお風呂にのんびり浸かったり、清潔なお布団にくるまって早めに眠りましょう。**心をどうにか変えようとするより、状況をどうにか動かそうとするより、身体をどうにかしてあげることの方がずっと簡単。**ストレッチや散歩、お日様の光を浴びるのもおすすめです。

身体が温まっていくと、心も温まっていきます。ほぐれていく身体は、心もほぐしてくれて、焦りや緊張も和らいでいきます。

そうすると、「どうにかしなきゃ！」と焦るときには見つからなかった、新しい視点や別の手段、ひらめきや直感という解決の糸口が見えてくるのです。**あなたらしくいられているとき、あなたらしい受け取り方ができるようになります。**

生き方を難しくする考え方もあれば、心が楽になる考え方もあります。

誰かに追いつこうとしたり、別の誰かみたいになろうとすることもできるけど、自分らしさを大切にすることもできます。

「このままじゃいけない」と現状を嫌うより、「今、手元にある〝良かった〟」を見つけようとすることもできます。

「何を考えるか」、「何を思うか」、「何を見るか」は、常に選ぶことができます。

選択の基準は、あなたの「好み」でいいんです。「正しさ」を基準に自分の考えや心をジャッジすると、「違うこと」に焦ってしまうから。

たった一つだけの「正解」なんてどこにもないのに、子どもの頃には「親が正解」

で、大きくなったら「多数が正解」になりやすい世の中で、何を「正しい」とするか、何を「基準」にするか、みんなそのときの自分の「好み」で選んでいるんだと捉えたら、ちょっと気持ちが楽になりませんか。

「私が、間違ってるのかな」と、みんなとは違う自分、多数の「考え方」や「物事の見方」とは別のものを持っている自分に、焦りを覚えて、本当の自分を見失ってしまいそうなときは、「間違っているわけじゃないんだよ」と自分に言葉をかけてあげましょう。考え方も物の見方も、人それぞれ違うのが自然だから。

自分の考え方や物の見方も、「好み」でいいと受け入れられると、「この子は、こういう視点で見てるんだね」「あの人は、こういう考え方が好きなんだ」と、自分とは違うことを受け入れられたり、受け流したりできるようになります。「こっちの方が好き」「この考え方の方が優しい気持ちになれる」と、あなたの心が楽になる方を選んでくださいね。苦しくなる方を選ばなくていいんですよ。

第 6 章

悩んでいる
ときに
かける言葉

解決策が見つからないとき

「『考える』より、『待つ』ほうが得策だったりするのよ」

人生で起こる「問題（problem）」は、自分への「問題（問い）（question）」。

「問題発生！」と思うことほど、これは自分自身への「問い」だと考えると、それだけで受け止め方が変わり、気持ちまで変わってきます。「問題」だと捉えると「どうしてこうなってしまったんだろう」と過去や原因に意識が向きますが、「問い」と捉えると「どうしたら良いんだろう」と未来や解決策に意識が向きます。

問いの答えは一つではありません。「決まった答え」もありません。「決めたことが答え」になります。

そう言われると、なんだか「責任が重い……」と感じてしまいそうですが、その問いが、自分の人生において重要であるほど責任の重さも増すようです。

重要であるあまり、「失敗したくない」、「間違えたくない」と、必死で正解を求めてしまいますが、その問いを外側にある何かと照らし合わせて解こうとするのではなく、「私は、どうしたい？」と自分に向けて問いかけてみましょう。答えは、あなたの外側ではなく内側にあるから。

私たちは、正解のある問題を解くことに慣れているので、「正解のない問い」を解こうとすると不安になってしまいます。「どっちが正解？」「これは間違い？」と、自分の答えに自信が持てずにいます。

そんな不安な気持ちで答えを探しても、手っ取り早く「不安をなくす方法」が「自分にとっての正解」としてしまいやすいので要注意。まずは安心できる状況に身を置いて、落ち着いて問いに向き合えるようにしましょう。「どうにかしなきゃ」と自分一人で抱え込まずに、抱えている問題や状況を誰かに聞いてもらうだけでも、ほっと安心します。解決策のヒントやアイディアだって見つかるかもしれません。

こんなふうに「誰か」に頼ることも一つの手立て。

でも、誰かに頼らずともあなた一人で答えを見つける方法もあります。それは、自然と答えが出るまで「待つ」こと。「すぐに解決しなきゃ」と、その出来事や状況を性急に動かそうとするよりも、「待つ」ことが解決への近道になることもあります。

時間がかかることはあっても、「待つ時間」は自分で自分のことを信じるチャンス。時間は、絶えず流れるもの。心は、絶えず揺れ動くもの。昨日と同じような今日だって、同じ一日はありません。昨日と全く同じである自分もいません。夜が明けると朝が来るように。冬が終わると春が来るように。

私たちには朝日を昇らせる力も、冬を終わらせる力もありません。私たちにできるのは、朝になったら目を覚ましてカーテンを開ける、朝ごはんを食べる、身支度をして、子どもの世話や洗濯をする……。そんな「いつものこと」。カーテンを開けて「今日は、晴れてる」と感じたり、朝ごはんを食べて「おいしい」と感じたり、今日の気分で服を選んだり、子どものお世話をしながらおしゃべりしたり、そんなこと。「問い」はいったん脇へ置いて、今、できることをやり、その瞬間を味わう。心を「問い」に縛りつけることなく、今、この瞬間を一つひとつ丁寧に味わう。それでも、「心ここにあらず」になりそうなときは、普段はやらない床の拭き掃除や、気になったまま だった洗面所の鏡や家中の窓を磨いたりする。無心になって手を動かしていると、いつしか心が自分の中に戻ってきます。ひたすら「きれいにしよう」「ピカピカに磨こう」と「今、この瞬間」に集中していると、「心が真ん中」に戻ってくるんです。その間、「悩み」を忘れ、放っておけます。こうして、心の状態が落ち着いてくると、良い解決策が閃《ひらめ》いたり、思わぬ救いの手が差し伸べられたりもします。

周りの状況は必ず変化していきます。「問題」だと思っていたことが、問題じゃなくなることもあります。時間が流れ、心が変わっていくと、物事の捉え方も変わるから。問題が起きた瞬間は「大変だ！」と大騒ぎしたことも、「あれ！　大したことなかった」と思えることだってあります。「あれがあったからこそ」と思えることだってあるくらい。

りするのです。

「問題」は、人生が好転する「きっかけ」をくれたり、未来に繋がる「伏線」だったりするのです。


1年前の今頃、あなたはどんな悩みを抱えていたか覚えていますか?

10年前の今頃、あなたはどんな悩みを抱えていたか覚えていますか?

「どうしよう!」ってたくさん悩んだことも、「もうどうしたら良いのか分かんない」って葛藤したことだってあったはずなのに、時の流れは、悩みの形を変えます。「あれ? どんなことで悩んでいたっけ」と思い出せないこともあれば、「なんであんなに悩んでいたんだろう」とすんなり解決していたりもする。

特に、子育ての悩みは、一年で大きく変化します。あんなに「寝ない」で悩んでいたのに、一年後には「起きない」で悩んだり。「抱っこだっこ」の甘えん坊に悩んでいたのに、たった一年で「あっち行って」と言われたり。あれほどしんどかった「悩み」が、逆に甘やかな思い出に感じられるほどに。

「待つ」って、「自分以外の人」や「時間の流れ」を信じてみること。それは、「自分を信じる」ということに繋がっていきます。

待った先で、あなたが受け取りたいものはなんですか？　自分に質問をしてみましょう。「どうなることが嬉しい？」「望んでいるのはどんな姿？」。耐えて待つのではなく、楽しみに待つこともできます。

ただ「待つ」ことも、悩みの解決の手段に取り入れてみてくださいね。

未来が不安でたまらないとき

「それは、あなたが持つべきもの？その荷物は下ろしてもいいんだよ」

私たちは、「悩みをなくすこと」を自分の課題にしてしまうことがあります。でも「悩むこと」は、悪いことではないんです。むしろ、悩みを抱えられることは、人の成長の証。「もっと良くなろう」と思っているから悩むのです。それと向き合おうとすることは、「自分を生きよう」とする証なんです。

「自分の人生を歩んでいく」ということは、答えのない「問い」に向き合い続けるようなもの。一つ解決したらまた次と。人生には、課題（宿題）を与えられるように、「どうしたらいいのか？」と頭を悩ませる出来事がやってきます。

人生の課題を「どうしたらいいんだろう？」と考えられる時点で、自分の人生を「主体的」に生きているということ。

反対に、「あの人がこうしたから」「あんなことがあったから」と、起きた問題を誰かや何かのせいにしているときは、解決策どころか、「不満」しか出てきません。不満は、人生の主導権を自分以外の人やものに渡していることを教えてくれます。誰かに対して「不満」を抱いているようで、実は不満の対象は自分自身。自分の人生を生きていないことは悲しいことだから。

答えが出そうもない問題を何度も考える自分がそこにいるなら、それだけまっすぐ、真剣に生きている証。

とはいっても、「答えの出ない問題」を何度も考えたり、「どうなるか分からない未来」を考え続けることで、私たちは不安に陥ります。未来はいつも不確定。確かなことなんて一つもないから、不安になりやすい。

自分の未来だけじゃなく、子どもの将来、国の将来、地球の未来まで考えて、過去の体験から好ましくない世界を描いたり、世間の情報から行きたくもない未来を想像したり。個人や家族の幸せだけじゃなく、世界平和だって願うお母さんたち。親になるって、願いが増えること。

その願いの多くは「自分では叶えられないこと」。

願っていること、考えていることの多くは「自分ではどうにもならないこと」です。「どうにもならないこと」「なるようにしかならないこと」を「どうなるかな」「どうにかできないかな」と考えることに時間を使うのはやめたいもの。

明日の天気は、天気予報が教えてくれますが、それさえも「確実」ではありません。翌日、楽しみなお出かけの予定があるときに、どれだけ「明日、晴れるかな。雨が降ったらどうしよう」と考えても、私たちは、天気を操作することはできません。明日を迎える前に、私たちにできることといえば、てるてる坊主を作ることくらいで、雨雲を動かし雨を止ませることはできません。でも、たとえ雨が降ったとしても、雨の中で「何をして過ごすか」を選ぶことはできます。

特別な行事が控えているときに「子どもが、体調を崩したらどうしよう」といくら考えても、子どもの体調を操作できるわけではありません。親ができることは、栄養のあるご飯を作り、十分な睡眠が取れるようにすること。自分の身体にも同じことが言えますね。どれだけ体調管理に気をつけていても、身体の調子を崩すことはあります。でも、そのことで自分を責める必要はないのです。だって「自分には、どうにもできないこと」だから。

自分にできる範囲の「できること」ができたら、それで十分花マルです。

あなたが今、不安に思っていることは、あなたがどうにかできること？

子どもやパートナー、人知を超えた自然まで、たくさんのことを担おうとしている優しいあなた。さあ、「これは子どもの感情」「これはパートナーの課題」「これは自然のなせるわざ」と、一つずつ荷物を下ろしていきましょう。

優しい人ほど、他の人の悩みまで背負って抱えがち。

でもそれは、本当にあなたが持つべきものですか？

もし、あなたのものじゃないなら、その荷物は下ろしましょう。

あなたの優しさは、「あなたができること」に注げますように。

人と比べるとき

「『人は人』と思えなくていい。がっかりした分『なりたい私』が見つかるから」

人と比べる材料がたくさん溢れる毎日。誰かと比べて落ち込むこと、私にもあります。地球上で生きる人、一人として同じ人生を辿る人はいないから「比べても仕方ない」と分かってはいても「人との違い」「誰かとの差」を見つけてしまいやすいもの。違う人生を生きるのだから、「違い」があるのが当然だけど、その「違い」は、人格や人生の「優劣」ではありません。

「違い」や「差」があることに気づくことで生まれる、がっかりした気持ちは、あなたがどう在りたいか、どんなことを経験したいか、「なりたい私」を見つけてくれるもの。

きっと、オリンピックの金メダリストや世界の大富豪と、自分自身や自分の暮らしを比べても、がっかりしないはず。比べてしまう人、落ち込んでしまうことって、自分にとっての「可能性」を見せてくれるもの。自分もそうできる可能性があることにしか、反応しないんです。パリコレのランウェイを歩くモデルさんを見てがっかりする気持ちが湧き起こるなら、あなたにだって可能性があるということ。そこには反応せずに、「いつも優しい穏やかなママ」や、「夫婦円満の仲良し家族」、「理解ある職場でイキイキと働き、キャリアを積んでるママ」、「素敵なお部屋に住んでいるいつもおしゃれなママ」に反応するなら、そこにはあなたの「可能性」、あなたの「望み」が潜んでいるかも。

もし、あなたが今、誰かや何かと比べて「がっかりする気持ち」を抱えるなら、それを見せてくれるものから、私は「どう在りたい？」「どうしたい？」を探し出してみましょう。「がっかりする気持ち」で始めるのは、人生の間違い探しではなく、宝探し。

「なりたい私」「生きたい未来」が見つかるから。

誰かや何かが見せてくれる世界は、自分がそこに行くことを許していなかった未来かもしれません。

あなたから生まれるどんな感情も、あなたの人生の味方をしてくれるもの。揺れ動く気持ちがあるからこそ、「本当は」と、自分の心に潜む思いと出会っていくことができます。

人と比べて、誰かより「すごい」って感じる自信や、人より「できてる」って思うことで得られる喜びは脆いもの。自分にとっての本当の喜びや自信は、優れてるとか劣ってる、勝ってるとか負けてるで得られるものではないから。

小さな子どもって、お母さんが大好き。他のお母さんと比べることはありません。好きでいる理由はありません。

小さな子どもって、自分のことが大好き。他の子どもと比べることはありません。好きでいる理由はありません。

あなたもそうだったはず。誰かと比べて自分を見つけ出さなくても、いつも自分が「どうしたいか」を知っていた頃がありました。でも、「どうしたいか」よりも「どう思われるか」を見つけるのが得意になる頃には、人と比べては、自分に自信を失くしてしまい、同時に可能性を閉ざしてしまうことがあります。

自信を失くすときには、自分を好きでいるための理由や根拠が欲しくなって「人から認めてもらう自分」「親から褒められる自分」になろうとすることも。

そうすることで「在りたい自分」や「生きたい人生」からズレてしまうことがあります。

だから、**私たちには「比べる視点」がちゃんとある。それは、いつかのあなたが置いてきた「自分らしさ」を見つけるために使うもの。「ダメなあなた」を見つけるためには使わないでくださいね。**

どうにもならないと思うとき

「『これならできる』をやってみよう。逃げてもいいのよ」

「どうにもならない」と思うとき。壁にぶつかって、「これは太刀打ちできない」、「どうすることもできない」と認めるのはとても辛いこと。

そんなとき、たいていは、目の前の立ちはだかる壁を一気に壊そうとか、一気に登る方法を考えていたりします。でも、この壁を変えることはできないけど、壁の向こう側へ行く「考え方」を変えることはできます。

人生の途中には、こうして進路を塞ぐ「壁」が何度か現れます。その度に、私たちが手にするものは、それまでには持ちえなかった新しい「考え」。そして、その「考え」がそこから先へと進む道で必要な「切符」となります。

「こうすべき」「こうじゃないといけない」と信じ込んでいたことでも、「こんなやり方もあるんだ」と別のやり方があることに気づいたり、「こうあらねばならない」と思い込んでいたことでも「そうじゃなくてもいいよね」と型（パターン）を破ったり。何も起こらないときにはわざわざ選ぼうとしないもの。「どうにもならない」と思うときは、「今まで持っていた切符ではこの先へは進めないよ」というお知らせ。

置かれている状況を大きく変えようとする必要はありません。そうすると、自分の中の「正義」を盾にして何かと闘おうとしてしまうから。自分の中の「正義」とは、これまで持っていた信念や思い込み。「こうすべき」「こうあらねば」という考えを強化させて頑なになってしまうから。でもね、**「どうにもならないとき」は、これまでの考えを強化するより、緩めるとき。**

「これだったらできそう」「ここまでならやれそう」と思える「小さな〝できる〟」を

見つけて実行してみましょう。壁を乗り越える方法ではなく、回り道したり、抜け穴を掘ったり、ほんの少しずつでも前進できる方法を考えるのです。

「もうこれ以上やれない」「ここからは進めない」、そんなときは逃げてもいいのです。「やめてはいけない」「逃げちゃいけない」なんて、ただの思い込み。その思いを緩めましょう。やめた先にも道は続いていくし、逃げ道だって立派な道です。

「一人では無理なこと」は、「手伝ってほしい」と助けを求めていいし、「自分には分からないこと」は「教えてほしい」と人に尋ねてもいいんです。あなたが通る道は、誰かが通った道かもしれないから。

あなたの考えを緩めて、新しい考えを選択肢として取り入れるとき、「どうにもならない」と感じていたことも、意外に「どうにかなる」ということに気づいていくでしょう。

いじわるなことを言われたとき

「言葉は『言った人のもの』だから、全部を受け取らなくてもいいんだよ」

娘が、小学生の頃、お布団の中で泣いていることがありました。理由を聞いてみると、お友だちから容姿について嫌なことを言われたそう。どうやらお友だちは、娘が嫌な気持ちになっているとは知らず、毎日その言葉をかけてくるようです。お友だちの前では平気なふりをしてしまうから、その言葉で娘が傷ついているなんて自覚がないようです。

娘が「その言葉、嫌だからやめてほしい」と伝えることができたら状況は変わったかもしれません。でも、「変な雰囲気にしたくない」「関係をこじらせるのは嫌」という娘は、自分の思いを伝えるという選択ができずにいました。友だちとの関係に敏感な年頃。放った言葉によって、状況が好転するどころか、深刻な展開になってしまう心配もあります。

親としては、娘の代わりに先生に伝えて仲介してもらうという策もあったかもしれませんが、それも娘が望むことではありませんでした。

私ができることは、娘が嫌な気持ちをそのまま吐き出せる雰囲気と、思いっきり泣くことのできる場所をつくること。同時に、こんなときだから、娘にこれから先の人生でも持っていてほしい言葉を手渡すことでした。

「言葉ってね、言った人のものだから。それを言う人が自分の中に持っていたもの。だから、言われた言葉で『私ってこうなんだ』って決めつけなくていいし、受け取りたくない言葉は、受け取らなくていいんだよ。受け取るかどうかは聞く人が決めていいんだよ」と話すと、「いらない、その言葉。受け取りたくない」と娘。

手渡した思いが娘の心のバリアとなって、「娘の心を守ってくれますように」と願ったのです。

自分が傷つく言葉や自分の心が反応する言葉は、自分のちょっと嫌いな部分だったり、自分がすでに気にしていることだったりします。自分でも受け入れがたい自分。

自分で「これでいい」「こういうこともあるよね」とある程度受け入れていることなら、深くは傷つかないもの。言われた言葉によって深く傷つくのは、そこにはすでに自分でも気にしている小さな傷があったせいかもしれません。

そうは言っても、**いじわるな言葉をかけられて、それを「自分を受け入れるきっかけにしよう」とか「どんな自分も認めよう」だなんて思う必要はありません。すべてを受け止める手段を選ぶよりも、受け入れがたいものは拒否して、自分の中にある悲しみや怒りは、安全な場所で吐き出す方が、自分にとっての優しい選択。**

放った言葉の責任は、「言った人」にあります。聞いた人が、その責任を負わなくてもいいのです。

いじわるな言葉をかける側に、自分やわが子がなることもあるかもしれません。かける言葉は、自分が持っている言葉。いじわるな言葉を発する側も、本当はすでに傷ついているのです。でも、自分が抱える痛みを人に与えても、自分の傷が癒えるわけではありません。いじわるな言葉は発する人の傷（悲しみや寂しさ、劣等感）を表していると見ると、それは切実なＳＯＳなのかもしれません。

さて、気持ちの行き所を、娘の中だけでなくお家の中にもあるようにし、お守りになるようにと言葉を渡しただけでは、娘の状態も周りの状況も、すぐには変わりませんでした。

登校前に「行きたくない」と準備が進まない日もありました。そんな妹に、兄である息子が「今している経験も、嫌な思いも、絶対いつか役に立つから。今がんばった方がいいよ」と、言葉をかけて応援していました。

それこそ、「嫌なこと」を経験した息子だから言える言葉、伝わる言葉。娘は「分かった」と、学校に向かいました。自分の傷や後悔は、大切な人の傷をかばう言葉、未来を照らす言葉になるんですね。

後日、娘は、行動を起こしました。自分で先生に相談したそうです。

それから状況は少しずつ変わり始めました。

私はと言えば、親としてできることをもう一つしました。それは娘と一緒になって「怒る」こと。「私の大切な娘に、そんな言葉をかけるなんて！」と。お家の中で怒る！

実は、これ、私にとってはとても苦手なことでした。心を許す家族には、怒ることも、「それは嫌」と伝えることも平気でするのに、他人だと怒れないし、「嫌」を伝えるのも、大人になってもできませんでした。それができるようになったのも、子どもの存在があったから。

それなのに、わが子には、家族以外の人にも「嫌」「悲しい」と言える関係を築けますようにと期待する私がいます。自分が「できないこと」「苦手なこと」を、わが子には「できるように」と願ってしまう矛盾を感じながらも、子どもの成長を「今」に求めず、ちょっと先に置いて見守りたいと思います。

これからどんな人と出会い、どんなことを経験して、どんな大人になるのかな。

不満ばかり溢れるとき

「手の中の『すでにあるもの』を数えてみよう」

不満ばかり溢れるとき。「ないもの」「足りないもの」に意識が向いているようです。

私たちは、マイナスの方向とプラスの方向、同時に意識を向けることはできません。

自分の意識が何に向いているか、それが分かるのは「今、目に映るもの（見えるもの）」です。「今、ここにないもの」に意識が向いているとき、「今、ここにあるもの」は見えないのです。不満いっぱいの状況から抜け出したいときには、手にしている「すでにあるもの」を数えてみましょう。

私たちは自分に何を問うかで、見るものを選ぶことができます。まるで、チャンネルを変えるみたいに。

「今、ここにあるものはなに？」と。そこにあるものは、いつかのあなたの「願い」が叶っている証でもあります。

私たちは、生まれたときから「願い」を持っていました。そばにいる人に「願い」を叶えてもらうことで、赤ちゃんは成長していきます。お腹を満たすこと、身体を清潔にしてもらうこと、抱っこしてもらうこと、安心すること……。「泣き声」だけでその願いを放ち、叶えてくれる人がいつもそばにいました。

成長とともに、願いは変わっていきます。「叶えてもらう人」から「叶える人」に成長していく中で、だんだんと「叶わないこと」「叶えてもらえないこと」が出てきます。大人の都合や社会の事情によって願いが叶わないこともあります。自分だけでなく、自分以外の人も、社会全体にも願いがあることを知っていきます。

「どうせ叶わない」「言ってもムダ」「やっても無理」そんなことが重なると、いつしか自分の中にある「願い」を外に出さなくなります。「願い」はカタチを変え、「不満」

となっていきます。

今、不満となって抱えているものは、元々はあなたの願い。

あなたが何に苛立っているのかを探そうとするのではなく、そこにあなたのどんな願いがあるのかを見つけてみましょう。

「私は、何を願ってるの？」「どうなることを望んでいるの？」。そう自分に問いかけましょう。自分への問いが、あなたの「ありたい自分」「なりたい自分」を思い出させてくれます。

「叶えてもらうこと」でいのちを守り、成長してきた私たちは、願いは誰かに叶えてもらうもの、人や社会が叶えてくれるものと思い込んでいる節があるかもしれません。

確かに子どもは、自分の力で願いを叶えるにはあまりに非力だから。

でも、大人になった今は、自分のいのちを守ることも、自分の暮らしも自分で選ぶことができます。私たちには「願いを叶える力」があるのです。

願いを叶えてもらうことを、自分ではない誰かや周りの状況に任せていたら、叶えてもらえる確約もないし、いつ叶うかも分からず「不満」が募りそう。

繰り返しますが、**あなたの不満は、あなたの願い。**

自分のことを「不満だらけの私」と捉えると、可愛げがないなって感じるけど、「願いがいっぱいの私」なら、なんだかかわいく感じませんか？

七夕の短冊に「プリンセスやヒーローになりたい」と願いを書いた幼い頃。自分なら、どんな願いだって叶えられると信じていたのは「自分」。

子どもの頃のように、もう一度「自分」を信じて、「自分」に期待してみませんか？

願いを自分一人で叶えることが難しいなら、協力してほしい人に「お願い」しましょう。不満としてぶつけるのではなく、「願い」としてお願いしたら、不満では届かなかったその願いが届くかもしれません。

あなたの願いはなんですか？

子どもから愚痴しか出てこないとき

「今日一日、がんばったんだね」

子どもの弱音や愚痴。それが続けば、「聞きたくない」と思うかもしれません。子どもの愚痴を聞けないとき、それは自分が不満や不安を抱えているとき。子どもの愚痴を聞くだけの心のスペースが空いていない状態です。

それに、お母さんって、子どもの笑顔を願うもの。子どもの幸せを願うものだから、それに反するような子どもの悲しみや苛立ちは受け入れ難いものです。

でも、「いつも笑顔でいること」を期待される子どもって、しんど過ぎる！　だって、豊かな毎日って、嬉しいことや楽しいことだけじゃなくって、緊張することや面倒くさいこと、我慢すること、悲しいこと、疲れることだってある、そんな毎日。いろんな色の毎日の中でいろんな顔を見せること、いろんな言葉を出せることが、家庭という安心できる居場所で、自分らしくいられている証ではないでしょうか。

母親である私たちも、「母は太陽」なんて言葉に縛られて、「毎日笑顔でいなきゃ」と無理な課題を強いられたら、そうできない自分を責めてしまってしんどいですよね。

「母は太陽」の本当の意味は、「お母さんはいつも太陽のようにニコニコ笑って温かく家族を包み込もう」ではなく、「太陽のようにそこにいるだけで家族にとって大きな価値があるんだよ」ということ。「ただそこにいるだけでいい」んです。

これまで育自セミナーの中で、「笑顔になれない」と自分を責めて悲しい顔をしているお母さんたちに、私なりの「母は太陽」の解釈を伝えてきました。そのとき、ふっと笑顔が戻るお母さんたちを見て、私も嬉しくなります。

「笑顔でいよう」とする必要はないけれど、あなたが笑顔を見せるとき、その笑顔で笑顔になる人がいます。

自分にも笑顔になれない日があることを許すこと。弱音を吐いたり、愚痴をこぼしたりすることを許すこと。「そんな日もあるよね」と許しながら、「明日からは、どうしたい？」と明るい方を見ようとしていたら、子どもの愚痴にも耳を傾けられるようになります。自分を許すことで、子どもにも「そんな日があるよね」と思えるし、子どもの愚痴に心を寄せるだけで、子どもは明るい方へと視線を向けられるから。

子どもが「そんな日」続きで、ずっと愚痴が続くようだったら、本人にも分からないストレスを抱えているかもしれません。安心できる存在のあなたに話すことで、心のバランスを取ろうとしているのかも。それが子どもなりの一番の解決法だから、無理に止める必要はありません。

「どうにかしてあげよう」としなくても、「今日も一日がんばったね」と、その子のがんばりを認めながら、心が緩まる楽しみや遊び、休息を取り入れましょう。自然と「明るい方」に目を向けられるようになっていきます。

親は、「こう考えてみたら?」「こうした方がいいんじゃない?」「それは、あなたにも悪いところがあったんじゃない」などと、良かれと思ってアドバイスや改善点を示したくなりますが、私たちが同じような状況に陥ってるときに、それを夫や家族から言われたら、かえって愚痴の数が増えてしまいそうです。

愚痴しか出てこないときってアドバイスがほしいのではなく、ただ「聞いてほしい」ときなんですよね。

子どもは、愚痴を言う人をちゃんと選んでいます。きっと、あなたもそうですよね。

それはあなたにとって、どんな人ですか?

子どもにとっては、あなたが「そんな人」なんです。

「母は太陽」、その言葉のように。

第 7 章

自信が持てないときにかける言葉

失敗したとき

「『失敗』という通過点を通らなければ、行けない場所があるよ」

自分が失敗したとき、子どもが失敗したとき、胸にズキンと痛みを感じるなら、そこにはすでに傷があったのかもしれません。

「失敗」とは、自分の期待が裏切られる体験。望む結果が得られないと、期待した分、傷の痛みは大きくなるかもしれないけれど、その傷を癒す時や機会は自然と訪れます。

特に、子育てをしている間は、わが子の体験によって、自分の過去の失敗経験に再会する機会も増えるでしょう。引き出しの奥にしまい込んでいた過去のネガティブな感情がわが子の失敗する姿を前にして、勢いよく飛び出してくることも。

「失敗は成功のもと」だなんて思えないし、「失敗しても良いんだよ」なんて、ぜんぜん思えない。「次はきっとうまくいく」とか「違うやり方でやってみよう」と再チャレンジをするのも、さらに失敗を重ねそうでやっぱり怖い。行動に対してではなく、自分に対して「失敗」とジャッジされているようにも思ってしまう。

結局、「失敗しないための無難な選択」をしながら、いつかの失敗の傷を守ってしまう。

「できない人って思われたくない」「ダメな人って見られたくない」と恐れたままでいると、子どものことも「人にどう思われるか」を気にしてしまい、「ダメな子って見られないように」としつけようとします。自分の傷を守ってきた方法で、子どもが傷つく前にチャレンジすることからも守ろうとします。

でも、失敗したときって、いったい何に傷ついたのでしょうか。「失敗」の経験そのものではありません。そのときの雰囲気（空気）、人の顔色、かけられた言葉。それらによって、「失敗」は傷で終わったり、次への意欲になったりします。失敗は誰にだってあります。失敗すると誰だって落ち込みます。でも、「もう失敗したくない」とか「完璧じゃないといけない」と、あなたの行動を狭めているなら、あなたの心を少し楽にしてあげたいですね。あなたの中の「失敗」の概念を書き換えましょう。

「どうしてこんなこともできないの?」、「何度言っても分からない子ね」、「どうせあなたには無理だと思っていたのよ」、「期待していたのに」……というような親からの言葉、がっかりした大人の顔、教室のヒソヒソとした雰囲気、周囲の冷ややかな笑い……。「失敗」から連想する思い出に、きゅっと心を摑まれるような痛みがあるなら、「嫌だったね」「あの場所から逃げ出したかったね」と、その気持ちやがんばりを抱きしめてあげましょう。

「私が悪かったのだから、あんなふうに言われても仕方ない」ではなくて、「あんな言われ方しなくても良かった」と、怒ってもいいんですよ。「あんな言い方、ひどい!」と、ノートに書きなぐったり、声に出して悲しみを外に出すことで、自分や人を傷つけることなく、怒りを外に出すことができます。

もし、当時の気持ちが蘇って辛くなりそうなときには、ここのステップは省いてOK。悲しみを、気合いや根性で乗り越える必要はありません。「今は無理」なら、無理しなくてもいいことを、自分に許しましょう。何ごともあなたの心の選択権は、あなたにあります。


もし、あなたが、自分が失敗したときにかけられた「悲しい言葉」を子どもにもかけてしまうなら、それは、今もまだ自分にかけ続けているということ。

「ここが難しかったんだよね」、「子どもにも分かるように伝えてほしかった」、「もう少し練習すれば、できるかもしれないよね」、「誰かの期待に応える私じゃなくてもいい」など、あの頃の私がほしかった言葉に、変えていきましょう。

子どもの頃にかけてほしかった言葉を、自分で自分にかけ直してあげましょう。


こうして、子どもだった頃の自分の心や、親になった自分の心と向き合っていると、親から受け取った言葉によって、あなたの親自身も傷ついていたのだと気づくかもしれません。出会ったことのない幼い母が、膝を抱えてギュッと我慢している情景が目に浮かぶことがあるかもしれません。

「お母さんも、『ちゃんとしないと』って小さな頃からずっとがんばっていたんだね」

「お母さんも、悲しかったんだね。お母さんも、惨めな思いをしたんだね。そんな思いを、私にはさせたくなかったんだね」

「お母さんなりに必死に守ろうとしていてくれたんだね」と。

親になったあなたの大きな愛で、子どもの頃の幼い母を包み込む瞬間と出会えるかもしれません。

もちろん、親の全てを受け入れる必要はありません。親を許しましょうということでもありません。もうそれは、あなたが小さな頃に随分とやってきたことだから。

親を受け入れ難いと感じるなら、まずは「受け入れられない自分」を認めてあげてくださいね。親の事情を受け入れようとする前に、自分の心を受け入れましょう。

子育ては、親の愛情を受け取り直す機会にもなります。愛情だとは思えなかった親からの言葉を、自分が愛する子どもへとかけているとき、言葉の奥にある思いが分かるから。

親になったからこそ、受け取れるものがあります。過去に取りこぼしていたものを子育てを通して、もう一度受け取ることができます。

「これは愛情だったのか」と気づいたとき、「愛情だから」とそのまま押し付けるのではなく、別の言葉を選び直すこともできます。

子どもの頃にかけてほしかった言葉を、あなたは、あなたの子どもにかけることができるのです。子どもの頃のあなたが、あなたの子育てのこれからの道すじを照らしてくれます。

「失敗」は通過点。そこを通らないと行けない場所があります。それは、今、あなたがいる場所です。そして、これからあなたが行きたい場所です。

「失敗」は、いつもそこからの続きがあります。

恥ずかしい思いをしたとき

「忘れ去っていいこと、思い出さなくていいことがこの世界にはたくさんあるの」

思い出すだけで穴に入りたくなるような恥ずかしい思い出。あなたには、ありますか？

高校生の頃、友人と自転車に乗っていたら、少し先を走っていた私が派手に転んだことがありました。周りには人も多く、注目の的。起き上がろうとしたとき、転んだ痛みよりも、感じるのはたくさんの視線。そのとき、後ろから友人が大笑いしながら「大丈夫?」と近づいてきました。

転んだ私を心配して寄り添う、深刻な「大丈夫?」ではなく、大笑いしながらのカラリとした「大丈夫?」。

転んだ痛みより、自転車が無事かどうかより、「たくさんの人の前で転ぶなんて恥ずかしい」気持ちでいっぱいだった私も、その笑い声につられて大笑い。「恥ずかしさ」もどこへやら。友人のお陰で、恥ずかしいエピソードが、思い出し笑いのエピソードになりました。

随分派手に転んだので、私も自転車も無事ではなかったはず。でも、それすら覚えていない。ただ思い出すのは「派手に転んで、笑い合った夕暮れ」。「笑い飛ばす」という言葉のように、どうやら「笑い」には、マイナスを吹き飛ばす力があるようです。

先日、バタバタと家の中で一人忙しくしているとき、床に転がっているものにつまずいて転んでしまいました。幸い、大した傷はないようだけど足がじんじんと痛い。一人で情けなくて涙が出てきました。

後日、ふと、あの自転車で転んだ日のことを思い出しました。あれが恥ずかしい思い出として残っていないのは、その状況やその時の感情などすべてを一人で抱えたからではなく、共有する人がいたからだと気づきました。

「共有できる人がいる」ことは心の支えになります。分かち合うことで、救われたり、傷が癒されたりします。

今は、SNSを使って共有することもできます。「しまった！」という経験も、共有することで、共感を生むこともあれば、笑いに変えることも、誰かの役に立つこともあります。人は、言葉に紡いで、分かち合うことで「しまった！」を「良かった！」にも変えることができるのです。

ただし、SNSではリアクションやコメントをくれる相手の顔を見ることはできません。相手の表情を見ることができるのは、やっぱりそばにいる人。

「こんなときに、そばにいてくれたらな」と、顔が浮かぶ人。それは、あなたにとって、誰ですか？

日常の中でシェアできる人、分かち合える人の存在は大きいものです。

子育てでがんばっている人ほど、そんな存在がそばにいてほしいものです。

さて、笑い飛ばせるほどの恥ずかしさなら良いのですが、**今もまだ笑えない思い出だって、誰しも一つや二つ（いやもっと!?）あることでしょう。そんな思い出はもう忘れ去ってしまいましょう。忘れ去っていいこと、思い出さなくていいことがこの世界にはたくさんあります。**

「過去」をどう捉えるか、「過去」にどんな意味づけをするかを選ぶこともできますが、「思い出」として残すか、失くしてしまうかも選んでいいのです。忘れ去るという選択肢もあるんですよ。

あなたには、何度も思い出したい宝物のような記憶がもうたくさんあるはずです。「忘れたくない」と思っていた、声変わりする前の息子の「ママ」と呼ぶ声も、「ずっと覚えておきたい」と思っていた両手におさまるほどの身体の大きさも。

もっと古い宝物なら、今の自分の年齢より若い頃の母のお膝に抱かれておしゃべりしたときの温もりや甘い匂いや声。子どもの頃に、おばあちゃんが歌ってくれた子守唄。

声や温度、匂いなどの記憶はだんだん薄れてしまうけど、**思い出の引き出しは「何度も思い浮かべたいもの」で、埋め尽くしていきましょう。**

未来のあなたと共有するために。

その思い出は、未来のあなたを一番の笑顔にしてくれるから。

自分らしさが分からないとき

「『らしさ』なんて、自分で決めればいいんだよ」

ママになってから「子どもが喜ぶこと」「子どもが好きなもの」「パパ（パートナー）が望むこと」と、選択の軸を「誰かのため」にするのが当たり前になっていませんか？子どもの好きな戦隊モノを一緒に応援したり、子どもの好きなキャラクターのグッズを見つけたら思わず手が伸びていたり。子どもの推しだったけど、自分の方がファンになっている、ということだってあるかもしれません。「家族が好きなものを好きになる」、それも幸せなことですよね。

初めての子育てが始まって数年。娘がハマったのはプリンセスの世界。ちょうどその頃、映画「アナと雪の女王」が大ヒットし、「ありのままの子どもを愛しましょう」「そのままの自分を受け入れましょう」という、私たちが子どもの頃には聞いたことのなかった言葉が、育児書や自己啓発書にも並ぶようになりました。

「私らしさが大切」だということは分かります。でも、物語の世界ではなく、現実を生きる私たちは、「私らしさって何だろう」と、それを探しに冒険へ出ることはできません。

「自分探しの冒険」には行けないけれど、子育てはちょっと冒険に似ています。「これが私」と思い込んでいた自分が、実は「違っていたのかも」と気づいて、「本当の私」に出会っていくこともあるから。

例え「自分らしさ」を見失っていたとしても、「こんな私もいた」と、新しい自分に気づいたり、「これが私だった！」と幼い頃の自分に再会したりすることもあります。

「自分らしさ」って、頭で考えようとすればするほど見えなくなるもの。だから、「自分らしさ」について考える時間を持つより、忙しいあなたには大事にしてほしい瞬間があります。

・子どもの笑顔につられて、笑みがこぼれる瞬間。
・子どもから出た何気ない言葉に、愛しさが溢れる瞬間。
・子どもが好きなヒーローのセリフに、ぐっと勇気をもらう瞬間。
・ふと流れてきた流行りの音楽に、胸がじ〜んとする瞬間。
・過ぎ去ろうとしたお店の入り口に、ときめく服を見つけた瞬間。
・夕暮れの空がうっすらと色を変えていく光景に、心がふるえる瞬間。

「あなたらしさ」は、あなたの心が動く「瞬間」にあります。そのときを掴まえないと、「らしさ」はどこかに逃げ出してしまいそう。

忙しい毎日だからこそ、そんなハッと心奪われる「瞬間」、その瞬間の「自分」を、受け流さずにしっかり味わってください。

その瞬間が大事なのだと感じる自分が「私らしさ」。感性のお手本は子どもです。

いつか誰かに言われた「あなたって、こんな子ね」というセリフで「自分らしさ」を決める必要はありません。

あなたのことを、本当に分かってあげられるのは「あなた」だから。

親より、子どもより、パートナーより、長い時間をいっしょに過ごすのは他でもない自分自身。

情報や選択肢が溢れかえる日常の中で、「私らしい選択って？」「私らしい子育てって？」と子育ての軸がどこにあるのか分からなくなることはしょっちゅう。そんなときに、私が思い出す言葉があります。ある保育園の園長先生とお話ししているときに、受け取った言葉です。

「迷ったら、子どもに抱きつけばいいんだよ。子育ての軸は子どもだから」

なりたい自分がわからないとき

「あなたの名前にヒントがあるよ」

ママになると、「〇〇ちゃんのママ」と呼ばれるようになって、名前で呼んでいたはずの夫婦でも「パパ」「ママ」と呼び合い、「名前」で呼ばれることはだんだんと少なくなります。

私が主催するベビーマッサージ教室で決めていたことは、赤ちゃんと一緒に参加してくださるママたちをその方の名前でお呼びするということでした。もちろん「ママ」として、赤ちゃんと一緒に来てくれているのだけど、一人の女性として関わりたいと思ったから。

「あなたの名前は、何ですか？」

この質問は、学校の出張授業で子どもたちにしているもの。

「いのちの大切さ」について、学校でお話しする機会をいただいたこの10年の間に、子どもたちからの感想文に「今まで、自分のことを好きだと思ったことがありません」、「ずっと、自分のことが嫌いでした」、「生まれて来なければ良かったと思ったことがあります」と書かれていたことがありました。

ベビーマッサージ教室では「生まれてきてくれてありがとう」と、肌に触れながら心へと温もりを伝えていく親と子のコミュニケーション法を伝えていますが、一方で、温もりや愛情を感じながら育つ環境が、子どもの育ちの背景にあることは、決して当たり前ではないことを教えてくれたのは、出張授業で出会った学校の子どもたちでした。

私の講座で出会ったお母さんの中にも、「産まなければ良かった」と言ってしまったと、涙ながらに打ち明けてくださる方もいました。そのセリフが口から出てしまうくらいの苦しみも、言われてしまう悲しみも、すべてお母さん一人の責任でも、子どものせいでもありません。

「子どもはみんな愛されて育つべき」、「母の愛は、無償の愛」。こうした言葉が、誰かを否定したり追い詰めることにもなりかねないとわかり始めた頃、わが子が思春期に入り、「自分」について模索する時期に入りました。

何にでもなれると信じていた幼少期から、自分は何者でもないと感じ始める思春期。理想と現実の狭間で大きく揺れ動くわが子を前に、「あなたの中に安心も勇気もあること、そしてあなたにはそれを見つける力と手にする力があること」を、どうしたら伝えることができるのか、ずっと考えていました。

そのとき、子どもの名前をつけたときのことを思い出したのです。

同じように、私も名前を受け取った日があることを。

私たちは生まれたときからみな平等ではありません。ですが、どの子にも、どの人にも「名前」があります。

「名前」の意味を自分で見出したとき、そこには希望や勇気が生まれることがあります。「ありたい自分」との出会いや「生きたい人生」の道しるべとなるヒントが、名前には隠されています。

名前をつけてくれた人が込めた思いに、あなたの思いが偶然重なることもあるかもしれませんが、つけてくれた人の意図を考え、その思いに添おうとするよりも、自分で意味を見つけましょう。

あなたの名前が「ひらがな」であれば、一音一句の響きやリズム、受け取る感覚からイメージを受け取っても良いですし、意味を持つ単語であるなら、その意味やいわれを詳しく調べてみるといいでしょう。

あなたの名前が「漢字」なら、一文字ずつ漢字の意味や成り立ちを調べてみましょう。単語として意味のある言葉なら、その意味を深く調べてみましょう。意外と、知らなかった意味や、新しい気づきがあるものです。

そこからヒントを得て、**自分の名前から「なりたい自分」の姿を描いてみましょう。**

「なりたい自分」は、自分で決めていいのです。

名前は、あなたが一番最初に受け取った「言葉」です。言葉を紐解き、自分の中にいた「なりたい自分」と出会ってくださいね。

「嫌われたかも……」と思うとき

「『好かれよう』としなくていい。すべての人に好かれることなんてないんだから」

嫌われる。それは、人にとって、本能的に怖いもの。古来、集団生活でいのちを守ってきた人間の本能が、現代で生きる私たちへと受け継がれたのでしょう。本能から孤立を避けたがる私たちにとって「嫌われる」のが嫌なのは自然なこと。

それに加え、自分で生きていく術を持たない子どもにとっては、親に嫌われると感じることはとても怖いこと。親の機嫌によって行動を制限されたり、親の顔色を窺って機嫌を取ろうとした経験は、大人になって謙虚さや優しさとなって、人との関係を繋ぐものになっているかもしれません。一方で、人を傷つけないようにと選ぶ言葉で、自分を傷つけていることもあるのです。

「嫌われる」のは悲しい。でも、嫌われるのを避けるために、あなただけが我慢を重ねていたり、あなただけが気疲れしているような関係ならば、その関係が何によって繋がれているのかを見つめ直してみてください。その関係は、恐れを元に繋がる関係ですか？　それとも信頼の元に繋がる関係ですか？

たとえば、身近な人（パートナーや子ども）や目下の人（部下や後輩）に対して、不機嫌な態度で自分の気持ちや状況を分かってもらおうとしたり、察してもらえないと怒りによって自分の思い通りにしようとする人がいます。これは恐れを元にした繋がりです。幼少期の経験などにもよるのですが、「嫌われたくない」という恐れから「恐怖」でその関係を保とうとします。大切な人を傷つけ、うまく人間関係を築けない原因にもなります。

「好き」や「嫌い」、相手が自分をどう感じるかはコントロールできません。私たちがコントロールできるのは自分の選択や行動だけ。嫌われないようにすることを判断の軸にする必要はありません。

「相手の気持ちを考えなさい」と教わったことがあると思いますが、それは「相手がどう感じるか」ということで、「相手からどう思われるか」ということではありません。「相手からどう思われるか」、「人からどう見られるか」を考えるのと、「相手がどんな気持ちになるのか」を想像することや、「相手がどんな気持ちでいるのか」を理解しようとすることは似て非なるもの。

相手がどんな気持ちになるかを考えて言葉を選ぶこと、相手がどんな気持ちや状況にあるのか理解しようとすることは、信頼を元に関係を育むうえでなくてはならないもの、思いやりです。

最大限に配慮したうえで、相手が何をどう感じるかは、自分の責任ではありません。感情は自分の中から生まれるもの。自分の経験から得た考え方や信じていることを通して生まれるから。

大人になっても「嫌い」や「不機嫌」という態度を表に出す人は、自分の怒りや悲しみ、その不快さを「気づいてほしい」「分かってほしい」と訴えています。本当は、「それは嫌です」「それは不快です」と、感情を言葉にするだけで良いのですが、それができない人もいます。それに対して、「不機嫌」を取り除こうと反応する前に、相手の不機嫌をどう受け取るのか、自分で選べることを知っておきましょう。相手の不機嫌を取り除くために、自分の意に染まないことをする必要はありません。相手のことを分かろうと努力することもできますが、単純に相手と距離を置くこともできます。人に合わせて「好かれよう」とするより、「自分はどうしたいか」、「自分はどうありたいか」に合わせましょう。

あなたが「良い子」だから愛されたわけではないように、あなたが「良い人」だから好かれるわけではありません。人の顔色を窺い、人の機嫌によってあなたのあり方を選ぶことが、あなたが愛される方法ではありません。

相手に愛されることも好かれることも、自分では選べませんが、自分が好きな自分でいることは選ぶことができます。

全ての人に好かれることができない世界だからこそ、好きな人が自分を好きになってくれるって奇跡。

あなたのそばには、「いるだけ（生きているだけ）で嬉しい」、そんな人がいるはずです。

私たちは、自分のことを嫌っている人を気にして過ごすことも、自分のことを好きでいてくれる人を気にして過ごすことも、どちらも選べます。私たちが、毎日等しく与えられた時間は24時間。起きている時間は、その3分の2くらい。人生は、学校の時間割のように、今が何の時間であるか区切られても、決められてもいません。いつも自由に選べています。でも、自由だからこそ、受動的に反応してしまいます。

24時間の時間割。頭の中を占めるもの。それを決めてくれる人はもういません。誰か次第で、自分の毎日を決めるより、自分次第で選ぶ勇気が、あなたがあなたを好きになる転機になりますように。

誰かのせいにしたくなるとき

「そんなときこそ『これからは、どうしたいの？』と自分に聞いてみよう」

誰かのせいにしたくなるほど、心がいっぱいいっぱいになることがあります。

誰かのせいにすることで、少しの間、自分の人生の主人公から、脇役になってお休みすることができるのです。心を休めるために、誰かのせいにすることがあってもいい、と私は思います。

誰かのせいにしているときは束の間の休息時間。その間自分の人生は動きません。人生を「ドラマ」だと捉えてみたら、誰かや何かのせいにしている間は、「ＣＭ中」だと考えてみて。「子どものせいで」「夫のせいで」「親のせいで」と人のせいにするとき、一時的に責任感や考えることから離れることはできますが、自分らしく生きていることの実感は乏しくなってしまいます。主人公の座を誰かに渡している状態だから。

CMが終わったあとは、どのような展開が待っていますか？

トイレに行ったり、飲み物を淹れ直したりしながら、責める時間から「これからどんな流れがいいのか」を考える時間に変えていきましょう。ドラマの展開を自分で選ぼうとしたとき、人生の主人公へと自然と戻ります。

思った通りに事が進まない原因や、うまくいかないことの原因を、自分も含めた登場人物の中から「誰が悪いのか」と探そうとしたり、「あなたのせいで」「私のせいで」と誰かを責めたままでいるときは、問題の解決には向かいません。

「これからは、どうしたいの？」と、自分に聞いてみましょう。自分への質問によって、新しいシナリオを描きましょう。それが、目の前の問題を解決する答えにもなります。

子どもが、人のせいにする場面を見て困惑することもあるでしょう。

「なんでこんなことになったの？」「誰がこんなことをしたの？」と、原因の所在をはっきりさせることが問題解決への道。互いに原因を認めて、謝ることが問題解決であると、教育やしつけの中で受け継いできたかもしれません。だから、子どもが自分の非を認めずに誰かのせいにするのが、許し難く思うかもしれません。間違ったことをしたのなら、きちんと認めてほしい。過ちは、非を認めて謝る事や反省する事が、改善の策。そう捉え、親が裁判官になろうとする前に、ドラマのシナリオを描くお手伝いをするのはどうでしょうか。裁かれるより、これからの人生に役立ちそうです。

子どもにとって「人のせいにする」というのは、心を守る方法です。自分の行動によって引き起こした思わしくない出来事を受け入れるのは、大人でも覚悟が必要です。**「人のせいにする」のは、小さな心に備わった「落ち込みや罪悪感を和らげようとするクッション」のようなものです。原因や責任の所在探しをすることよりも先に、その**

気持ちに寄り添ってみましょう。小さな心が、いまどれほどの緊急音を発しているのか、どれほど鼓動が速いのか、どれほど大ピンチに陥っているのか、それを理解してもらえたとき、不安や焦りは次第に安心へと変わっていきます。

子どもの本音は、気持ちが落ち着いてきたときにようやく聞こえてきます。

子どもが落ち着いたら、「本当は、どうしたかったの?」と聞いてみましょう。過去に戻って行動を選び直せるならどうしたら良かったのか、別の選択肢を見つけるきっかけにもなるでしょう。責任を押し付けられた相手は「どんな気持ちになると思う?」と、人の気持ちを想像するきっかけも、「これからは、どうしたいと思う?」と、未来にある改善策を見つけるきっかけも、問いによって渡すことができます。

そんな経験をくり返しながら、落ち込む気持ちや罪悪感を自分の中に抱えられるようになり、自分で自分に問いを持てるようになると、「クッション」の役割は必要がなくなってきます。

エピローグ

「自分らしく」満ちているときにかける言葉

嬉しいことがあったとき

「素直に喜ぼう。その姿を見るだけで、幸せな気持ちになる人がいるから」

「わぁ嬉しい！」と喜ぶ、あなたの心の反応は素直に受け取りましょう。あなたが喜んでいる姿を見るだけで、幸せな気持ちになる人がいます。

あなたが喜ぶだけで、他の誰かも喜ばせることができるのです。

子どもも成長や成果を「すごいね！」と褒められることより、お母さんが喜んでくれることが嬉しい。褒められたくてがんばり続けると、褒められなくなったときにやる気だけでなく、自分自身の価値も見出せなくなってしまうことがあります。

人が喜ぶ姿に嬉しさを感じることや、喜んでほしい人がいることは、自分の能力を発揮させ自己の成長にも繋がります。小さな赤ちゃんも、親が喜びながら自分のお世話をしていることに、喜びを感じます。**成長のきっかけは、喜びにある。そう考えると、子どもが幸せに育つ種も、親が幸せな気持ちで育てる種も、神様が日常にたくさんちりばめてくれているように思います。**

息子が小学生の頃。その日、一日疲れたパパのマッサージをしていました。すると、息子がポロポロと涙をこぼし、泣き始めたのです。

「オレ、パパとママが死んだら、言葉も喋れなくなると思う。動けなくなると思う。パパとママがいないなら、プロ野球選手にならなくていい。喜んでくれるパパとママがいないなら、夢もなくていい」、そう言って。

突然泣き出した息子に驚きながらも話を聞いてみると、どうやら、パパの頭に白髪を見つけて、老いを感じたのか、パパとママがいなくなった世界を想像したようです。

私たち親が息子に「プロ野球選手になってほしい」と言ったことはありません。それは、息子自身の願いであるはずなのに、「パパやママが喜んでくれる」から「プロ野球選手の夢が持てる」と、親の喜びが夢の種になっていたなんて。

私も、かつてはそんな気持ちを持っていたはず。でも今ではすっかり忘れている。

子どもが想像する未来の中で、夢が叶ったときに笑っている人は自分だけじゃないようです。いつか自分が叶えた夢の中でそばにいる人は誰ですか？「笑っていてほしい大切な人」がいつも心の中にいるなら、どんなときもその人の笑顔を求めて、人は未来に手を伸ばすのかもしれません。

「自分軸で生きよう」と言われる世の中だけど、自分のためだけの喜びや、自分だけのために叶える願いなんてきっとありません。一緒に喜んでいる人がいるから、喜びは何倍にもなる。人はその「喜びの法則」を、自分が生まれた瞬間から知っているんですね。

喜びは素直に喜べばいい。こんなにシンプルな「喜びの法則」だけど、人は「嬉しいことがあっても調子に乗ってはいけない」、「良いことばかりは続かない」など、人生のどこかで受け取った考えによって、喜びの感度にブレーキをかけてしまうことがあります。

例えば、親の苦労を間近で見てきた経験や、親が何かを犠牲にしながら子どもの幸せを守ろうとしていた場合、大人になって、自分が幸せに生きようとしたときに、「自分ばかりがこんなに喜んではいけない」と遠慮してしまう考えが湧き出ることがあります。教育の中でも、喜びは我慢の後の報酬と捉えるような経験があったかもしれません。

でも、**あなたが喜びをめいっぱい感じながら幸せに生きることは、本来誰にも遠慮はいらないものです。「幸せの種」に限りはありません。**誰かが多く取った分、誰かの取り分が少なくなるわけでもありません。

喜びの感度が鈍くなると、日常の中にちりばめられている「幸せの種」を見つけづらくなります。今日の小さな喜びが、いつか自分にとっての大きな喜びになることがあります。小さな喜びが芽生えたら、その「嬉しさ」を思う存分味わいましょう。

笑っているあなたを見て、笑顔になる人は誰ですか？

やってみたいことと出会ったとき

「今できることは何？
すぐにできることからやってみよう」

大人になっても、子どもの頃のように「やってみたい！」という気持ちが芽生える瞬間があります。

私が、この仕事を始めたときもそうでした。

ふと、単純に「やってみたい！」そんな気持ちが湧き出たことが始まりでした。家族がいる以上、母や妻、娘や嫁としての役割も持つ私。すでに「やること」をたくさん抱えています。やりたいことと出会う。それは、「やること」の量が増えることでもあるので、まずは家族に相談。私の場合、子どもはまだ小さかったので、夫に相談しました。すると、諸手を挙げて賛成してくれました。

夫は、私のパートナーで親ではないけれど、「本当にできるの？」「大丈夫？」「失敗したらどうするの？」など、親が子どもを心配するような反応が返ってくるのではないかと覚悟していました。

実は私たちは、「やってみたいこと」に出会っても、これまでに親から受け取った言葉を自分の頭の中で繰り返し、やりたい気持ちにブレーキをかけてしまうことがあります。

私が、「夫から言われるかもしれない」と想像していた言葉は、実は、私が私自身にかけていた言葉だったのです。親が子どもを守りたいがための言葉は、子どもが自分の人生を生きようとしたときにブレーキをかけてしまうことがあります。

そのブレーキを取っ払ってくれたのが夫の言葉でした。

「絶対できるよ」

自分でも疑いそうになっていた「私」や「私たちの未来」を信じる言葉を、夫から受け取ったとき、私も私に「自分を信じる言葉」をかけてあげることができました。
人生に「絶対」はないけれど、自分の中の自分に対する疑いが消え、「できるよ」とそんな気がしてきたのです。**言葉には「その気」にさせる力もあります。「心の持ちよう（あり方）」を変える力もあります。**

何をするにしても、どんな行動をするにしても、そこに掛け算されるのは「心の持ちよう（あり方）」です。

たとえば、もしもあなたが学校の先生なら、「私は、子どものことを全然理解できない」と思っているA先生と、「私は、子どものことを理解したい」と思っているB先生では、同じような子どもとの関わりでも、受け取るもの（結果や未来）が違ってくると思いませんか？

自分の「やりたい」という思いを受け取りながらも、そこから行動に起こすまでの時間が空けば空くほど、過去に受け取った言葉はまた頭の中で囁き出します。「本当にできるの？」「うまくいかないかもしれないよ」「このままでも良いんじゃない？」と。頭で考えることも必要ですが、頭で考える時間を持ち過ぎてしまうと、自分の思いは見えなくなってしまいます。

やってみたいことと出会ったら「今できることは何？　すぐにできることからやってみよう」と、自分への質問によって「わくわくすること」へ意識を向けましょう。

頭で考えるときに使う「言葉」は、自動再生のように過去の繰り返しであることが多いから。意図して質問をすることで意識を切り替え、わくわくすること、今できることを考えていきましょう。

私たちの人生は、ゲームのようにリセットすることはできません。起きた出来事は消せないし、また最初からとリスタートすることもできませんが、問いの種類によって、行動へのハードルを下げることができます。難易度を高く設定し、行動のハードルを上げることで、それを乗り越えたときの達成感は大きいでしょう。でも何かを始めるときには、壁の高さに萎縮してしまい「私には無理」と思い込んでしまうことがあります。

何かを始めるには、誰かに打ち明けてみる、相談してみる、調べてみる……、そんな小さなことからでも行動できます。小さな行動から、新しい道ができていきます。

「お母さんだから」「妻だから」「娘だから」という役割、年齢や性別などを理由にして、自分の思いを後回しにしていることもあるかもしれません。

子どもの習い事なら、その環境があることに感謝してお月謝を支払うのに、自分が何かを学びたいと思うときにはお金をかけることを躊躇したり、子どもの絵本なら読むときを楽しみにして購入するのに、自分のための本や映画には、そのための時間やお金を惜しんだり。無意識に優先順位を自分以外のものに置きがちです。

そんな深い愛情に気づきながらも、**今の自分がいるのは、「やりたい！」と思ったことや「やってみたい」と思ったことを叶えてきたからこそ。今、あなたの手元にもそんな「叶った奇跡」や「叶えてきた宝物」があることも忘れずにいたいですね。**

ます。

「いつかやろう」「時間ができたらしよう」と、私たちはやろうと思ったことを先延ばしにすることもできます。そして、いつも明日があると、未来があると思い込んでいます。

だから、「ごめんね」を明日に預けることも、「ありがとう」を先延ばしにすることも、「大好き」を言わずにいることもできてしまいます。

でも、本当は、ここから先の時間は誰にも約束されていません。

そんな約束されない24時間を、今日まで毎日受け取ることができました。でも、ちょっと想像してみてください。もしも、自分の残り時間を知ったときに、私たちが、一番後悔してしまいそうなことは何でしょうか？　私は伝えたかった「言葉」を渡しそびれたことだと思うのです。

あのとき、「いいよ」って言ってあげたら良かった。

どうして、「ごめんね」が言えなかったんだろう。

あの頃、「やりたい」と思っていたことがあったのに家族に言えなかった。やりたかったなぁ。

もっともっと「大好き」「あなたが大切」って伝えておきたかった。どれだけ言っても言いたりないよ。

「ありがとう」「あなたがいてくれて良かった」って思っていたのに、伝えられないままお別れしなければならないなんて。

そんな**未来の後悔を想像して、あなたは今、どうすることを選びますか？**
今、何をしますか？

愛されたいことに気づいたとき

「愛されたいように自分を愛そう」

わが子に愛情を注ぎながら、「私もこんなふうに愛されたかった」……。そう感じることがあるかもしれません。愛されてるなぁ、そう感じる人を見たときにも思うことがあるかもしれません。

子どもの頃に読んだ本『窓ぎわのトットちゃん』（講談社）が映画化されたときに、子どもたちと見に行きました。

「落ち着きがない」という理由で、通っていた学校を退学せざるを得なかったトットちゃん。新しく通うことになったトモエ学園で、トットちゃんを迎え入れてくれた校長先生に、トットちゃんは自分が見たもの、感じたこと、考えたことを何時間もおしゃべりします。ひとしきり喋ったあと、トットちゃんは「どうしてみんな私のことを困った子って言うの？　私は、トットちゃんなのに」と呟きます。

うつむき加減のトットちゃんの目線の高さに合わせて、校長先生はこう言います。

「きみは、本当はいい子なんだよ」と。

生まれてきたすべての子どもたちが願います。「このままの私を愛して」「ここにいる私を見て」と。でも、ほとんどの場合、子どもが愛を求めているなんて気づきません。

それは言葉ではなく、大泣きすることで、イタズラをすることで、反抗すること（自分の考えを持つこと）で、無言になることで、「私を愛して」「ここにいる私を見て」と求めてくるからです。

お母さんが、お腹の中で始まったいのちの存在に気づくとき。まだ性別も分かりません。もちろん性格も。今では、科学の進歩により４Ｄのエコー写真で、はっきりとお顔も見えるようになったけれど、それでも、どんな顔をしているのか、どんな姿をしているのか、産むと決める頃には、その子のことをまだ何も知りません。そんな人類に、人生の決まりごととして、神様がすべてに等しく与えた条件があるとしたら、誰しもが「無条件に愛されること」ではないかと感じます。

生まれたばかりの赤ちゃんは「言葉」を持ちません。自分の足で移動することもできません。察してもらうこと、手をかけてもらうことで、いのちを育まなければなりません。それを惜しむどころか、ただひたすら健やかな成長を願って、昼夜問わずお世話するなんて、そこには大きな愛があるとしか思えません。

生まれたばかりの赤ちゃんのいのちは、いのちを宿した人に、そばにいる人にすべて委ねられているのです。

私たちにとっては、記憶にすらない頃のことですが、**人生は「愛されること」と「愛すること」**、**「信じること」と「信じてもらうこと」で始まるのだと、5人の赤ちゃん**

を育て、4000組以上の赤ちゃんとママに出会った今、思うのです。

それにしても、私たちが思い出せる記憶というのは、「言葉」を持ち始めた頃のことから。おしゃべりを始めた頃には、親に愛情を求める方法も、親が子どもに愛情を注ぐ方法も赤ちゃんの頃とは変化しています。だから、「こんな私でいなきゃいけない」「こんな私だから愛される」と、愛してもらうことに理由をつけていたり、愛することに条件をつけようとしたりすることがあるのです。

「良い子」という言葉の概念も、いつか受け取った言葉によって、抱くイメージが人によって違います。人（大人）の言うことを聞ける子が良い子、我慢できる子が良い子、何でも一人でできるのが良い子、いつもニコニコ笑っている子が良い子……というように。

「良い子」の自分なりの定義が、大人になった今も「良い人でいなきゃ愛されない」という、愛されるための条件になっているなら、あなたの人生の始まりがそうだったように、愛されることに理由はいらないことを思い出しましょう。

「お母さんにこんなふうに愛してほしかった」「お父さんにこんなふうに私を見てほしかった」、そんな自分の思いから見つけるのは「自分の愛し方」。

こうあるべきという母の姿や、こうあるべきという子の姿を追いかけて苦しくなったときには、「あるべき姿なんて、そもそもみんな違うのだ」と思い出しましょう。

あなた自身が「ありたい姿」を思い浮かべて、愛されたいように自分を愛そう。

それは、やがて、子どもの愛し方になっていきます。

そして同時に、目の前の子どもは、最初から、あなたを愛することに条件などないことに気づくでしょう。

涙が溢れたとき

「涙は、心の自然な反応。止めようとするほうが、不自然なの」

子育てをしていると、たくさんの「べき」「ねば」を抱えます。いのちを守り育むための責任と、社会に送り出すための役目を、意識せずとも背負うことになるから。

頭でたくさんのことを考えて、いつも次のことを予測しながら働いて、子どもが寝たらようやく穏やかな気持ちに。今日一日抱えていた責任感がふっと緩まるのか、子どもの寝顔を見て、ようやく自分らしさが戻ってきます。

すやすやと眠る姿に愛しさが込み上げてきたり、今日渡した言葉を後悔して「ごめんね」と呟いてみたり。

そんな時間の中にいるのが「あなたらしいあなた」。

いつも「お母さん」としてがんばっているあなたが、ふと緩まる瞬間です。

でも、また朝になれば、「お母さん」が始まります。子どもの未来も背負いながら、登園や登校するまでの動線を頭の中に描きつつ、朝ごはんの準備にかかります。「お母さん」は子どもが起きている間、ずっと頭を働かせている状態です。

そんな「がんばり屋のママたちへ、心が緩まるような講座をしたい」と活動しているのですが、ある時、参加してくださったママがこんなメッセージを送ってくださいました。

「私以外のみなさんは泣いていたのに、私は涙が出ませんでした。子どもの頃からもうずっと泣いていません」と。

泣くことがこの講座の目的ではありませんが、他のママと自分を比べ、そうでない自分に落ち込んでいる様子に、私にかけられる言葉はあるのかと自分の中を探しました。

私も、子どもの頃、「泣かない」を選択している子でした。「泣いたらダメ」と言われた記憶はありませんが、泣いたら周りの人を困らせるし、泣いたら笑われるし、幼稚園の頃に行った予防接種でも「泣かない」と決めていました。

痛いときにも「痛くない、痛くない」、悲しくても「平気、平気」、そんなふうに自分に言い聞かせて。小学生の頃、大怪我したときも泣きませんでした。大好きな父や母が悲しむと思ったから。

それに、泣かないと褒められます。まるで、泣かないことは良い子の条件の一つのようです。泣かないことは、私にとってかっこいい勲章でした。

でも、その勲章は、子どもたちによって見事に奪われました。「母になる」というのは、こんなにも涙もろくなることなのかと思い知ったのです。今では、運動会で入場の音楽が流れただけで涙が溢れてくるし、よその子のがんばりにも涙がこぼれます。子どもが初めて高熱を出したとき、子どもが悲しい思いを抱えて帰ってきたとき、溢れ出そうな涙を必死にこらえる私がいます。

本当は、子どもの頃から人一倍泣き虫だったのかもしれません。泣き虫な分、人一倍泣かないようにとがんばってきたのかもしれません。心のがんばりは、人には見えないものだし、自分にも分からないもの。親でさえ「泣かない私」を「その子らしさ」と思っているかもしれないし、自分だって「自分らしさ」と思い込んでいるかもしれません。

もし、「子どもの頃からもうずっと泣いていない」と言うあなたも同じだったら、「今も、涙が出ないくらいにずっとがんばってきた自分を、まずは認めてあげてくださいね」、とその方にお伝えしました。


せっかく受講してくださったのに、残念な気持ちにさせてしまってご満足いただけなかったかも……と思っていたのですが、なんと、その方は、また同じ講座に参加してくださいました。

そして、その日の受講後にこう仰いました。「初めて、泣きました」と。

この方だけではありません。実は、多くのママたちが「こんなに泣いたのいつぶりだろう」と、涙の記憶がなかなか出てこないほど、随分泣いてないのです。

泣かないことを選んだ子どもの頃の自分に「泣いた方が良かった」と言う必要はありません。涙を堪えた子どもの頃の自分を「がんばったね」と抱きしめてあげることで、心が大きく動かないようにときつく縛っていた鎖をほどくのだと、出会ってきたママのことや自分を振り返って思います。

本来、涙が出そうになるのは、心の自然な反応。溢れ出そうになる涙を止めようとするのは不自然なこと。**人は涙を流すことで、心を癒すという、自然な心の回復力があるようです。身体は心を元気にする方法を知っているのです。**

幼い子どもは、大きな声で泣いたり、大粒の涙をこぼして泣いたり、その心を溢れ出るまま表現します。だから、心の回復力はとても早い。次の瞬間にケロッとしていて、翌日まで引きずることなんて、そうないですよね。

自然体でいるからこそ、自然と元気になっている子どもの姿を見ていると、大人も

自然体でいることが、元気でいる秘訣のように思います。

涙が出そうになるとき、それは、あなたらしくいられる場所が、そこにあることも教えてくれます。


とはいえ、子どものこととなると、雨に降られる前に傘をさしてあげたくなるように、涙を流す前に泣かないようにと手を差し伸べてしまうことがあります。

でも、その手をぐっとこらえて、涙の温度を感じる、その後にかかる虹の美しさがあることをゆっくり教えていきたい。それは、とても難しいことではあるけれど、子どもの成長と共に、親も子どもと一緒にいくつもの虹を眺めることができるから。

苦しみや悲しみ、痛みがあなたを強くするとしても、笑っている時間の方が何倍も何倍も多くありますように……と願いながら。

楽しいとき

「『楽しい』という喜びは、幸せな生き方を教えてくれるもの」

子育ての「楽しさ」は、いつか人生の「楽しさ」に繋がると思っています。この楽しさは、いつか「懐かしい」と胸がじんわり温まるような心の原風景になると。

子どもとの時間は、いつでもどこでも温まれる「心の思い出」をつくるとき。それは、きっとどこにでもある風景で、何度も見た光景で、いつもと同じような繰り返しの中にあります。

特に、乳幼児期は「いつもの」に安心します。お寝坊するよりいつもの起床時間。夜更かしよりいつもの就寝時間。近道よりいつもの道。新しい流行りの絵本より、いつもの絵本。遠くの公園より近くの砂場。せっかく買ったおしゃれな服よりいつものTシャツ。特別なお宿よりいつものお家。

大人からすると、「特別」や「新しい」に、楽しさがあるように感じますが、幼い子どもたちは「いつもの」や「繰り返し」にある楽しさを知っているようです。

「絶対楽しいはず！」と期待して、遠くまで車を走らせて大きな公園まで行ったのに思いのほか遊ばなかったり、いつもの道ではなく違う道を選んだら泣き出したり、ようやくデビューしたトイレで用を足したあと、「流すボタン」を私が先回りして押してしまったときのクレームは数知れず……。

そんな「いつもの」にこだわる時期も、あっという間に過ぎていくもの。

あんなに自分なりの楽しさがあることに「こだわり」を持っていた子どもたちも、今では、変わり映えのしないことにクレームを言うようになったけど、**「またこれ？」と**

言いたくなるようなことが、いつかこの子たちの心を温めてくれることも知っています。

お布団の中で寒さや眠気と格闘する冬の朝、ごはんを作る余力がない夕暮れどき、大きな買い物袋とトイレットペーパーを両手に抱える帰り道、子どもが抱えるお友だちとの問題に胸を痛めるとき、子どもの頃には知らなかった、母が過ごした時間や父が抱えた思いと出会います。でもこんな親目線の日常風景に、かつて子どもだった私も確かに居たと気づくとき、心がじんわりと温かい。なぜなら、いつだってお母さんが私の日常を温めてくれていたから。「そうか、私の日常はずっと優しさで温められていたんだ」と知って、もう一度心は温かくなる。

父と母に「ありがとう」を伝えそびれていたと気づいたときに、子どもにとっての一番の幸せは「有り難い」と気づかないくらいに、当たり前の日常に包まれていることなんだと知りました。

変わりばえのない食卓も、何度も繰り返したきょうだいげんかも、誰かが「ただいまー！」って帰ってくるにぎやかな声も、いつか子どもたちが大人になって、寒さを感じる日に、寂しさで眠れない夜に、疲れ果てた帰り道に、「ああ懐かしいなぁ」と心を温めてくれる思い出になったらいいなと願います。

私たちにとって、「楽しい」という喜びは、幸せな生き方を教えてくれるもの。「楽しい」という「心の喜び」は、「こっちだよ」と生きる道を照らしてくれるようです。

「大変」って思っていたことも、「いい加減にして」と感じていたことも、それを振り返るときには「楽しかった」と思えるのが、子育ての不思議。

今はそう思えなくても、あなたが「あのときは楽しかった」と感じる日がくるとしたら、それはどんな日でしょう？

あなたはどこにいて、そばには誰がいて、あなたは何をしてるかな？

「あなたがあなたであること」に満たされているとき

「あなただからいいんだよ。ダメなときも、自信がないときも、いいときも悪いときも、ぜんぶのあなたを子どもは愛しているんだから」

「なんで？」と「まさか！」が繰り返される毎日で、子どもたちが教えてくれたことは、「私は私でいいんだ」という実感でした。

これまでの人生で、私が自分に課していた「人に好かれるため」「社会から受け入れられるため」「愛してほしい人に愛されるため」の条件を、一つひとつ外してくれたのです。

「かけがえのない大切な存在」「いるだけで喜ばれる存在」など、私が子どもに手渡したいと思っていたものは、すべて子どもが私に与えてくれました。親とは与える側ではなく受け取る側であったのだと、子育てを始めるまで知りませんでした。

「子どもは親を選んで生まれてくる」という言葉があります。

真実かどうかは分かりませんが、この言葉は、「子どものための言葉」ではなく、子どもがくれた「親のための言葉」だと思います。

ゴールの見えない子育てで、真っ暗闇のトンネルを歩いているようなときにも、出口の光をそっと見せてくれるような母親への言葉。

もしあなたの子どもが、あなたを選んでくれたのだとしたら？

優しそうだから？　いつもニコニコ笑っていて楽しそうだから？　おいしそうなご飯につられて？　それとも、修行のためでしょうか？

本当の理由なんて分かりません。

もしかすると、「私は全然、優しいお母さんじゃないのに」「いつも怒ってばっかりのママなのに」、そんな戸惑いの声が自分の中から出てくるかもしれません。

そう。選ぶ理由なんてないのかもしれません。

理由はないのにこの子のママになれている。理由もないのに愛されてる。

赤ちゃんは、泣くときに「誰でもいい」とは泣きません。

「あなたがいい」と泣きます。

優しくなれない日があっても、笑えていない日が続いても、買ってきたお惣菜の日があっても、あなたの子どもは、あなたのところにやってきた。それは本当。


愛されることに理由なんてない。

「あなただからいいんだよ。ダメなときも、自信がないときも、いいときも悪いとき

も、どんなあなたも愛してるよ」

子どもに一番伝えたいことなのに、子どもたちはそれを両手いっぱいに持って、「はい、ママどうぞ」と渡してくれます。

子どもの心にただ寄り添って、子どもの内なる言葉を聞こうとしたり、目には見えないものを見ようとしたり、視点を変えて目の前の景色を変えようとするチカラは、きっとあなたの味方になってくれます。

自分と手を繋ぎながら、世界にたった一人の子どもを育むあなたの心が、今日も幸せでありますように。

おわりに

「よくがんばったわね。もう十分よ」

歩きはじめたばかりの子の卒乳の相談に行った私に、助産師さんはそう言ってくれました。

よくがんばった。

もう十分。

子育てしながら、こんな言葉をかけてもらう日があるだろうか。

私たち母親はいつもどこか、「まだまだ」と、足りていない自分に向き合い続けているかもしれません。

「よくがんばった。もう十分」という言葉を受け取ったとき、ズシリと重い肩の荷がふっと消えた……、そんな気分でした。

娘の体重が思うように増えず、平均よりずっと低い成長曲線を描くグラフを眺めては心配していた私。けれども、グラフばかりを見ていた私とは対照的に、助産師さんが見ていたのは「そこにいる娘の姿」。

ただ娘だけを見て「しっかり育ってる」とも仰ってくださいました。

授乳量や授乳時間には表せない、体重や身長には表せない、娘と一緒に重ねた時間。朝が来るまで何度も起きた夜。泣き声に何度も何度も応えた時間。私と娘以外に誰も知らないこの時間を、初めて認めてもらえたような気がしました。

正解のない子育ては、正しさでは乗り切ることができず、「こうすればこうなる」の方程式に当てはめることもできないから、わが子を愛するが故、必死になって「何かが足りないのではないか」と不安になることばかりです。

でもね、**子育ての答え合わせは、大人にとっての「良い子」に育てることでもなく、世間から見た「良い母」になることでもありません。どうか、世間の軸に振り回されるのではなく、ただ目の前の子どもの姿を見て、それをしっかりと慈しんでいる「自**

分の思い」を自覚しながら、豊かな子育ての時間を重ねていただけたら嬉しいです。
この本が、不安や葛藤の子育ての中で、時どき見えなくなってしまう「自分の思い」に気づくための一助となりますように。

最後になりましたが、出版するという夢を繋いでくださった市居愛さん、本を書く喜びを教えてくださったブックオリティの高橋朋宏さん、平城好誠さん、一冊の本を作り上げるために優しい言葉で導き支えてくださったSBクリエイティブの美野晴代さん、本当にありがとうございました。

そして、これまでの活動を通して出会うことができた皆さま、いつも惜しみない愛を注いでくれる家族、無条件の愛情で育ててくれた両親、いつも支えてくれる友人、仲間たちに心から感謝いたします。

2025年　春

子育てコミュニケーター　水田 結

本書をお読みくださったあなたへ

水田結より、
感謝の気持ちをこめた
「プレゼント」

本書をお読みくださり、本当にありがとうございます。
感謝の気持ちをこめて、
読者の皆さまへプレゼントを用意しました。

プレゼント 1
「お母さんのための
『言葉のお守り』」

プレゼント 2
「お母さんのための
『聴くサプリ』」特別音声【♪】

プレゼントは左のQRコード、
または下記URLよりアクセスしてください。
https://ul.sbcr.jp/TOKU-xk6ZP

著者略歴

水田　結

（みずた・ゆい）

（株）mother ship 代表
ピースフルコミュニケーション協会
こども未来コーチング®協会主宰
（ベビーライフコミュニケーター・子育てコミュニケーター）

「自分の人生を喜んで生きる子どもや大人を増やす」をテーマに、2008年より母親と乳幼児を対象にした教室を開講。開発した子育て講座は、「育児で初めて心から幸せを感じる」「本当にやりたかった子育てができた」「なりたかったママになれた」など大反響を呼ぶ。講座では育児や人生の喜びを実感するママたちが号泣することも多く「バスタオル必須の講座」「テキストは一生物のバイブル」など口コミが広まり、開講以来16年間、常にキャンセル待ちが続く「伝説の講師」。行政や学校・幼稚園・保育園から講演依頼、職員研修の依頼も多数。
二男三女の母でもあり、自身の子育てを通して「育自」を日々実践、言葉と心の繋がりを研究中。

毎週火曜日～金曜日の朝に配信しているメールマガジンや講座、セミナーのご案内は、左のQRコード、または下記URLからアクセスしていただくと、ご覧いただけます。
https://www.mothership.page

公式LINE：https://lin.ee/kkUMRde

私《わたし》が子《こ》どもだった頃《ころ》、
親《おや》にかけてほしかった言葉《ことば》

2025年3月15日　初版第1刷発行

著　者　水《みず》田《た》 結《ゆい》

発行者　出井貴完

発行所　SBクリエイティブ株式会社
〒105-0001　東京都港区虎ノ門2-2-1

ブックデザイン　小口翔平＋畑中 茜＋村上佑佳（tobufune）

装　画　福田利之

D T P　株式会社キャップス

企画協力　ブックオリティ

編集担当　美野晴代

印刷・製本　株式会社シナノパブリッシングプレス

本書をお読みになったご意見・ご感想を
下記URL、またはQRコードよりお寄せください。

https://isbn2.sbcr.jp/29328/

落丁本、乱丁本は小社営業部にてお取り替えいたします。定価はカバーに記載されております。本書の内容に関するご質問等は、小社学芸書籍編集部まで必ず書面にてご連絡いただきますようお願いいたします。
©Yui Mizuta 2025 Printed in Japan
ISBN978-4-8156-2932-8